위기관리총서 시리즈

09

비자살적 자해의 이해와 개입

현장에서의 위기개입워크북

육성필
조윤정
임영진
지성미

박영story

서 문

매일매일 바쁜 일상의 연속이기는 했지만 9번째 현장에서의 위기개입총서 비자살적 자해의 이해와 개입을 출간하게 되어 매우 기쁘다. 그리고 뜻을 모아 같이 함께한 여러분들과도 이 기쁨을 나누고 싶다. 국내 최초로 위기관리 전공을 개설하고 위기관리전문가를 양성하기 위한 노력을 하면서 2019년 스트레스, 위기, 자살, 재난, 가정폭력 성폭력, 범죄피해, 애도, 소진 등 8개 영역에 대한 현장에서의 위기개입총서를 출판한 지 벌써 2년여의 시간이 지났다. 2년이라는 기간이 정말 빨리 지나간 것 같다. 이러한 생각이 드는 것은 그동안에도 수많은 위기가 발생하여 위기개입이나 상담을 필요로 하는 곳이 많아 교육, 상담, 훈련 등의 다양한 일로 분주하게 보냈기 때문이 아닌가 생각한다.

최초 출판을 기획할 때는 자해가 학교 현장이나 사회적으로 커다란 문제로 부각되지 않았었는데 점점 십대 청소년 사이에서 폭발적으로 증가하고 SNS에 관련 영상이나 사진이 난무할 정도로 매우 심각한 상태가 되었다. 하지만 당시에도 자해행동의 심각성에 대해 강조하거나 홍보하는 수준의 노력만이 가능했고 자해행동을 하는 사람을 위한 효과적인 개입과 관련하여 도움을 얻거나 참고할 만한 자료가 없는 것은 다른 유형의 위기와 별다른 차이가 없었다. 이러한 현장에서의 위기관리총서 집필진이 고민하며 다음 주제는 자해로 하자고 의견을 모았고 그 노력의 결실이 바로 본 비자살적 자해의 이해와 개입이다.

책을 쓰기로 결정하고 자해의 개념부터 개입에 대한 자료를 찾고 정리하면서 현재 우리나라에서는 자살과 자해의 구별은 물론 자해와 비자살적 자해의 차이도 명확하게 구별하지 못할 정도로 자해와 관련된 분야에 대한 연구가 매우 열악한 상태임을 확인할 수 있었다. 따라서 이와 관련된 적절한 이해와 개입에 대한 합의를 이루는 데에는 해결해야 할 문제들이 놓여 있다. 이

책의 제목에 들어가는 비자살적 자해(Non suicidal self injury)는 일반적으로 많은 사람들이 사용하는 자해라는 단어를 대신하는 것이다. 자해와 자살과의 구분을 위해 자신의 몸에 상처를 내기는 했지만 자살의도가 없는 경우를 비자살적인 자해로 정의하고 사용하였다.

이미 출판한 8개 영역의 위기유형에 대한 개입처럼 비자살적 자해의 이해와 개입도 현장에서 비자살적 자해의 위기에 처한 사람들에게 전문가가 해야 하는 개입을 중심으로 구성하였다. 즉, 신속하게 신체적인 안전을 확보함과 동시에 정서적으로 안정시키고 본격적으로 전문적인 개입이 이루어질 수 있는 개입과정과 방법에 대한 내용을 담고 있다. 위기에 처한 사람들을 만나면서 매번 확인할 수 있고 분명해지는 것은 해결 불가능한 어려움으로 인해 힘들고 어려운 대부분의 사람들은 전문적인 상담과 치료를 받아야 한다는 생각을 하지 않는다. 따라서 위기관리전문가는 위기에 처한 사람들의 당장의 위기상황이나 사건을 정확하게 인식하고 적절하게 대처할 수 있어야 하고 이 과정에서 심층적이고 추가적인 도움이 필요한 경우에 후속적인 개입을 받을 수 있도록 도와주어야 한다.

비자살적 자해의 이해와 개입을 준비하면서 항상 안 된다고 하기보다 해보자는 생각으로 임하는 위기관리전공생들이 얼마나 소중하고 빛나는 자산인가를 다시 한번 확인했고 이번에도 이렇듯 헌신적인 많은 사람들의 도움이 있어 가능했음에 진심으로 감사드린다. 특히 졸업 및 수료 후 자신들의 전문영역에서 전문가로서 활동하며 바쁜 중에도 흔쾌히 집필을 함께 한 조윤정 · 임영진 · 지성미 선생의 많은 고민과 노력이 있어 비자살적 자해의 이해와 개입을 끝낼 수 있었다. 비자살적 자해의 이해와 개입을 출판하는 과정에서 많은 도움을 주고 세심하게 배려해준 피와이메이트의 노현 대표님께 진심으로 감사드린다. 원고 집필, 수정, 검토 등의 모든 과정을 꼼꼼하게 검토해주신 최은혜 선생님의 진심 어린 노력으로 좋은 책을 낼 수 있게 되어 진정으로 고마움을 전한다.

2021. 4

육성필

차 례

I

비자살적 자해행동의 이해

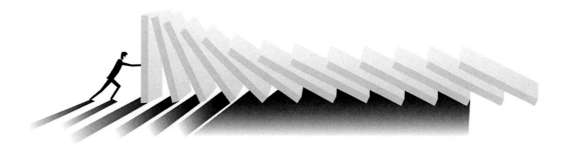

I

비자살적 자해행동의 이해

최근 청소년 및 대학생들 사이에서 자해행동이 급격히 늘어나고 있다. 자해문제를 더욱 심각하게 하는 것은 온라인 공간에서 자해행동을 인증하는 사진이나 동영상들이 빠른 속도로 확산되고 있어 청소년과 대학생들이 과도하게 자극적이고 통제되지 않은 자해행동을 쉽게 접할 수 있다(권경인, 김지영, 2019; 김동규, 2019; 김수연, 2019; 김용달, 2019; 유상영, 2018; 유혜은, 2019)는 점이다. 실제로 자해 및 자살시도를 하여 응급의료기관에 내원한 사람이 2013년 25,012명에서 2018년 33,451명으로 6년 간 33%가량 증가하였다. 자해와 관련되어 2014~2018년까지 응급실을 찾은 사람들의 연령대를 보면, 20대가 19.9%로 전체 연령대 중 가장 높은 비율을 차지하고 있다(정종훈, 2019). 특히, 자해에 대한 이해와 관심이 필요한 것은 자해가 일반적으로 은밀하게 이루어지기 때문에 자해와 관련된 통계수치는 단지 국가응급환자진료정보망(NEDIS)에서 집계된 것일 뿐이고, 자해행동을 보고하지 않은 경우까지 포함한다면 실제 자해행동을 한 사람들은 통계에서 나타난 것보다 훨씬 더 많을 것으로 추측할 수 있기 때문이다(유혜은, 2019). 이와 같이 자해관련 행동이 증가하고 있음에도 불구하고 국내에서 이루어진 자해관련 연구 대부분은 주로 청소년을 대상으로 하여 자해관련 변인의 발생 빈도 등에 대한 연구들이 주를 이루며(이동귀, 함경애, 배병훈, 2016; 임영식, 2004), 경계선 성격장애나 특정 병리나 약물 치료에 대한 것이고(김봉석 2003; 최윤경, 2006), 대학생을 대상으로 한 연구 또한 자해 증상이나 동기 확인 정도가 연구주제의 주를 이루고 있다(권혁진 등, 2017; 민정향, 2017; 임선영 2014). 최근 청소년에 집중되며 자해와 관련된 관심이 증가하고 있지만 충분하지는 않다. 자해행동을 정확하게 이해하고 효과적인 개입을 하기 위한 전문적이고 체계적인 위험성 평가 및 개입과 관련된 연구는 매우 부족한 상태이다. 더구나 실제 위기현장에서 사용할 수 있는 자해에 대한 개입기법이나 지침에 대한 것은 거의 연구되어 있지 않은 것이 현실이다. 이처럼, 자해에 대한 전문적이고 적절한 개입 관련 연구와 위기현장에서 필요한 지침들이 절실히 필요한 이유는 자해가 단순히 자해로 끝나는 것이 아니고 잠재적으로 자살시도 등을 포함한 자살위험성을 증가시키고 사망과 연결될 가능성이 크기 때문이다. 실제로 자해의 빈도는 자살위험성을 증가시키는 위험요인이며, 자살시도를 증가시킬 수 있다는 것을 많은 선행연구에서 지적하고 있다(Klonsky & Olino, 2008; Whitlock et al., 2007). 또한 조이너(Joiner, 2005)는 치명적인 자해를 하는 사람들이 자해와 관련된 고통과 공포에 익숙해지게 되면 자살로 사망할 위험성이 매우 높아진다고 주장하였다.

그러므로, 자해행동과 관련된 위기개입을 하는 위기개입자가 자해위기에 처한 사람들에게 효과적이고 전문적인 서비스를 제공하기 위해서는 자해에 대한 정의, 특성, 평가, 개입방법 등에 대한 깊이 있는 이해는 물론 충분한 임상적 경험과 수련이 필요하다. 이렇듯 자해에 대한 개입의 필요성에 따라 본 워크북은 위기개입자들이 현장에서 실제적으로 필요한 내용들을 포함하고자 하였다. 또한 임상적으로 혹은 일상적으로 자신의 신체에 상처를 내는 등의 파괴적인 행동을 자해라고 하지만 위기관리학적인 시각에서는 비자살적 자해행동으로 구분하는 것이 정확하기 때문에 본 워크북에서는 자해행동 대신 비자살적 자해행동으로 명명하고 설명할 것이다.

1. 비자살적 자해행동의 정의

자해는 순간적이고 격렬한 감정에 대한 긴장완화 및 신체 손상을 목적으로 자신의 신체에 의도적이고 반복적으로 해를 입히는 것이며(Klonsky, 2007), 정신병리학적 측면에서 가장 극단적인 형태를 말한다(Favell, 1981).

일반적으로 임상현장에서 자해행동은 죽으려는 의도를 가지고 있는 경우와 가지고 있지 않은 경우 모두를 포함하기 때문에 자해행동을 이해함에 있어서 죽으려는 의도를 파악하는 것이 무엇보다 중요하다. 이는 자해행동을 죽으려는 의도를 가진 자살시도(Suicide Attempt)와 죽으려는 의도가 없는 비자살적 자해(Non Suicidal Self Injury: NSSI)를 구분해야 할 필요성이 있기 때문이다. 일상적으로 임상장면에서는 자해와 자살시도라는 용어를 혼합하여 사용하는 경우가 많지만 실제로는 자살행동에 포함되는 자살시도와 자해는 분명히 구별되는 행동이다. 또한 비자살적 자해와 관련한 용어의 정확한 이해와 분류는 보다 정확하고 효과적인 위기개입을 가능하게 한다.

비자살적 자해(NSSI)행동은 스트레스 조절과 긴장이완 및 스트레스에 대한 적극적인 대안이나 해결방법의 하나로 선택하고, 삶을 끝내기 위해서라기보다는 심리적 고통 혹은 정서적 불편감을 감소시키거나 회피하기 위한 일종의 대처전략으로 사용하는 경향이 있다(이동훈, 양미진, 김수리, 2010). 이처럼 죽음에 대한 동기나 의도를 가지지 않으면서 자신의 신체 일부에 스스로 상처를 입히는 행위를 비자살적 자해(Non Suicidal Self Injury: NSSI)라고 정의한다.

비자살적 자해의 동기는 개인별로 매우 다양하고 자해를 하는 시점마다 다르지만(권혁진 등, 2017), 청소년 자해의 가장 일반적인 동기는 스트레스 상황에서 심리적 긴장이완을 위해 정서적인 불안정과 긴장 상태의 불편함을 자해라는 방법으로 분출하기 위한 것이라고 이해할 수 있다(한지혜, 2018; Klonsky, 2011; Laye-Gindhu, & Schonert-Reichl, 2005; Muehlenkamp & Gutierrez, 2004). 신체에 상해를 입힘으로써 심리적 고통으로부터 해방감을 경험하게 되면,

자해를 할 때의 신체적 통증이 고통스럽기는 하지만 통제할 수 없는 심리적 고통보다는 낫다고 인식하는데, 실제로 자해 이후 정서적 안정을 느끼는 것으로 나타난다(권희주, 송현주, 2014). 비자살적 자해행동을 한 사람이 비자살적 자해를 통해 정서적 안정을 찾고, 이차적 이득을 얻는 경험을 하게 되면 비자살적 자해를 좀 더 반복적으로 지속하게 될 가능성이 높아진다. 그런데, 비자살적 자해행동을 하는 사람들은 일반적으로 자해 후 혼란스럽고 양가적인 심리상태를 경험하기도 한다. 비자살적 자해행동 후에 자신의 부정적 정서가 감소하고, 자신의 심리적 어려움을 누군가 알아주기를 바라지만, 한편으로는 아무에게도 들키고 싶지 않고 행동 후에 자괴감과 자기혐오를 경험하게 되기 때문이다. 또한, 자해를 통한 감정적 회피는 일시적이기 때문에 자해 후 부적절하고 부정적인 정서가 지속되면서 수치심, 자기혐오가 남게 되어 비자살적 자해행동을 반복적으로 지속하게 되는 악순환이 이어질 수 있다(이동귀, 함경애, 배병훈, 2016).

비자살적 자해의 특징 중 하나는 충동적인 측면이 강한 것인데, 충동적인 기질이나 성격적 특성을 가진 사람이 나타내는 행동들 중 하나로 이해되기도 한다. 비자살적 자해행동을 하는 사람들은 외부 자극에 대해 과활성화되어 있기 때문에 개시된 행동을 정지하는 것이 어려운 경향이 있다(Allen & Hooley, 2015). 강렬한 부정정서 상황에서 성급하게 행동하는 경향성을 말하는 '부정 긴급성'은 자해와 관련이 있는 것으로 알려져 있다(Anestis, Selby, & Joiner, 2007; Fischer & Smith, 2008; Riley, Combs, Jordan, & Smith, 2015). 최근 연구에서는 비자살적 자해행동을 하는 사람이 충동성의 모든 측면을 나타낸다기보다는 부정정서에 압도된 상황에서 성급하게 행동화하는 정서적 충동성(부정 긴급성)이 있는 경우 자해행동을 하는 것으로 보고하고 있다(이서정, 현명호, 2020; Bender et al., 2011; Glenn & Klonsky, 2010). 동시에 '부정 긴급성'을 가진 개인이 대인관계 갈등 및 좌절을 포함한 사회적 거절을 경험할 때 비자살적 자해행동을 할 가능성이 더 높다고 본다(Anestis & Joiner, 2011).

또 다른 특징은 이른 연령대에 시작된 비자살적 자해는 자살행동에 비해 더 많은 빈도 및 다양한 방법과 관련되고, 비자살적 자해의 시작 연령이 늦을

수록 충동적으로 자해를 하기 보다는 자해를 하기 전 자해와 관련된 생각에 몰두하는 시간이 더 길어지는 것으로 나타난다(권혁진 등, 2017). 즉, 처음 자해를 시작하는 연령이 어린 경우 충동적 자해 가능성이 높지만, 자해 시작 연령이 늦은 경우 자해행동에 대해 더 오래 생각하기 때문에 충동적이거나 즉흥적이지 않고 극단적인 방법을 사용할 가능성이 높아진다는 것이다. 청소년의 경우, 스트레스를 해소하기 위한 대안적인 방법들이 다른 연령대에 비해 상대적으로 적기 때문에 자해의 빈도·방법·동기에서 다른 연령대와는 다른 양상을 보이고(권혁진 등, 2017; 이우경, 2017), 적절한 대처능력이나 언어를 통해 자신을 설명하고 솔직한 감정을 표현하는 대신 자해를 시도하게 되는 경향이 있다(Bunclark & Crowe, 2000).

마지막으로, 비자살적 자해행동과 다른 자기 파괴적 행동과의 차이점은 직접성, 즉각성, 반복성 등이다. 큰 의미에서 이러한 행동들이 모두 자기 파괴적이지만 비자살적 자해는 이러한 독특한 특성들이 존재한다. 예를 들면, 섭식장애는 비자살적 자해와 같이 자기를 해치는 행동이고 반복적이라는 공통점은 있으나, 직접적으로 자신의 신체를 해치지 않고 즉각적인 출혈 등의 결과가 없다.

따라서 이러한 비자살적 자해행동에 대한 위기개입을 실시함에 있어서 비자살적 자해의 동기와 심리적·신체적 특성 및 행동적 특성 그리고 다른 자해행동들과의 차이점을 이해하는 것은 매우 중요하다.

본 워크북에서는 넓은 의미의 자해행동들 중에서 자살의 의도가 없는 자해행동인 비자살적 자해(NSSI)의 개념 위주로 설명할 것이다. 간혹, 경우에 따라 자해라는 용어를 사용하는 경우에도 그 의미는 자살 의도를 가지지 않은 자해행동으로 이해하기 바란다. 이러한 이해의 관점에 따라 자살의도가 있는 자해행동 즉, 자살시도(Suicide Attempt)에 대한 위기개입은 『자살위기의 이해와 개입』[1]에서 중점적으로 다루고 있다.

1) 『자살위기의 이해와 개입』, 육성필 · 조윤정(2019), 박영사.

1) 비자살적 자해(NSSI)와 관련된 용어들

비자살적 자해행동과 관련된 연구들을 살펴보면, 'self-injury'와 'self-harm'은 서로 중복되거나 혼용되어 사용되고 있으며, self-wounding(자기신체 손상), non-suicidal self-injury(비자살적 자해) 등 다양한 용어로 비자살적 자해행동을 명명하고 있다(김수진, 김봉환, 2015).

구체적으로 자기절단(self-mutilation)은 사지절단과 같은 정신장애와 관련된 자해를 의미하기도 하고 좀 더 경멸적인 의미를 포함하기도 한다. 고의적 자해(deliberate self-harm)는 경우에 따라 자살행동에 포함되기도 하고, 유사자살(parasuicide)은 대부분 자살행동을 포함한다. 손목 긋기(wrist cutting)는 경우에 따라 손목 긋기로 자살시도를 하는 경우를 포함하기도 하고, 자기학대(self abuse)는 넓은 의미에서 자기를 학대하는 것이며 적절하지 않은 행동이고, 자의적 폭력(self-inflicted violence)은 자살행동 혹은 자기를 향한 폭력의 한 형태로 본다.

이처럼 연구들이나 임상적 현장에서 비자살적 자해와 관련된 많은 용어들을 혼용하고 있기 때문에 이에 대한 분명한 이해와 구분이 필요하다. 이러한 용어들의 혼용은 위기개입을 하는 개입자들 간의 혼돈을 가지고 올 수 있고, 결국에는 체계적인 개입을 어렵게 할 수 있다. 다음은 이러한 어려움이 발생하지 않도록 하기 위해 비자살적 자해와 그 외 개념들 간의 차이를 구체적으로 설명한 것이다.

비자살적 자체 관련 용어 비교

용어	NSSI와 유사점	NSSI와 차이점
self-mutilation (자기절단)	NSSI와 같이 사용되기도 한다.	사지절단과 같은 정신장애와 관련된 주요 자해를 포함하기도 한다: 좀 더 경멸적인 의미를 포함한다.
deliberate self-harm (고의적 자해)	NSSI와 같이 사용되기도 한다.	경우에 따라 자살행동에 포함되기도 한다.

parasuicide (유사자살)	NSSI와 같이 사용되기도 한다.	대부분 자살행동을 포함한다.
wrist cutting (손목긋기)	NSSI의 정의를 충족시키는 긋기를 포함한다.	경우에 따라 손목긋기로 자살시도 한 경우를 포함한다. 잠재적인 많은 NSSI 행동 가운데 한 가지로 구분한다.
self-abuse (자기학대)	NSSI와 같이 사용되기도 한다.	자기를 학대하는 것과 동일시하며, 적절하다거나 유용하다는 의미는 아니다.
self-inflicted violence (자의적 폭력)	NSSI와 같이 사용되기도 한다.	자살행동과 self-direct violence의 다른 형태를 포함한다.

출처: E. David Klonsky, Jennifer J. Muehlenkamp, Stephen P. Lewis, Barent Walsh(2011).

2) 비자살적 자해(NSSI)와 개념적으로 구분되는 행동들

앞에서 언급한 것처럼 비자살적 자해는 실제 현장에서 사용되고 있는 용어들과 유사한 개념을 가지기도 하지만, 어떤 자기파괴적 행동들은 비자살적 자해와 구별하기 용이하지 않아 논란의 여지가 있다. 따라서 다음 설명하는 행동들과 비자살적 자해의 차이를 명확히 알아보는 것이 필요하다.

(1) 섭식장애(Eating Disorder)

섭식장애는 비자살적 자해처럼 신체에 해롭고 자살의도가 없으며 반복적이지만, 직접적이고 즉각적이지 않으며 출혈이 없다. 섭식장애의 경우, 사실 신체에 해를 주자는 것이라기보다는 몸무게를 줄이거나 더 나은 모습을 보이려는 욕구가 원인이다. 따라서 섭식장애는 비자살적 자해에 포함되지 않는다.

(2) 알코올과 약물·담배의 남용(Substance Use Disorder)

알코올과 약물·담배의 남용은 비자살적 자해처럼 신체에 해롭고 자살의도가 없으며 반복적이기는 하지만, 해로움의 특성이 화학적 과정을 포함하며 출혈이 없고 직접적이거나 즉각적이지 않다. 따라서 알코올/약물 남용은 비자살적 자해에 포함되지 않는다.

(3) 자학적 행동(Masochistic Act)

자학적 행동과 비자살적 자해를 혼동할 수 있는데, 이 두 가지는 확연히 구별된다. 자학적 행동은 일반적으로 다른 사람으로부터 상처를 받는 것이지만 비자살적 자해는 자신이 고의적으로 상처를 내는 것이다. 따라서 자학적 행동은 비자살적 자해에 포함되지 않는다.

(4) 문신 혹은 피어싱

문신이나 피어싱은 비자살적 자해처럼 신체에 통증을 주고 출혈 있는 직접성·즉각성이 있지만, 결정적으로 사회에서 수용되는 행동이라고 할 수 있다. 따라서 문신 혹은 피어싱은 비자살적 자해에 포함되지 않는다.

3) 자살시도(Suicide Attempt)와 비자살적 자해(NSSI)

죽을 의도가 있는 자해와 죽을 의도가 없는 자해를 구분하는 일은 실제 임상 현장의 임상가나 연구자들의 의견차이 만큼이나 그 경계가 모호하다. 죽을 의도가 없는 비자살적 자해와 죽을 의도가 있는 자살시도가 설령 같은 이유(외적인 사건 혹은 상황)로 시도한다고 해도 행동의 주요한 동기는 다르다. 비자살적 자해행동의 중요한 동기는 부정적인 내적 상태를 조절하거나 자기를 처벌하기 위한 것으로 이는 특정한 대처기술의 부족, 성격 특성과 관련되는 경향이 있고, 자살시도는 모든 것에 통제감을 잃고 죽고 싶다는 바람과 욕구로 동기화된다. 또한 자살시도는 일반적으로 치명성이 높은 단일한 방법을 선택하는 경향이 있지만, 비자살적 자해는 치사율이 높지 않은 다수의 방법을 택하며 자살시도보다 만성적인 경향이 있다(Favazza, 1996).

현재 이 두 종류의 행동을 자살행동에 대한 양적 차원의 연속적 개념으로 볼 것인가, 혹은 다른 범주에 있는 질적 차원의 독립적인 개념으로 볼 것인가에 대한 합의 또한 정확히 이루어지지 않고 있다. 즉, 자살을 예측하는 중요 요인으로 자해를 보는 입장에서는 비자살적 자해와 자살이 연속선상에 있다고 보고 있으며, 자살과 비자살적 자해가 다른 속성을 가진다는 입장에서는 비자살적 자해가 독립적이고 고유한 특성이 있다고 보는 것이다(Klonsky, 2011).

실제 현장과 임상장면에서는 자살시도(Suicide Attempt)와 비자살적 자해(NSSI)를 구분하지 않는 경우가 많지만, 위에서 설명한 것처럼 두 행동에 대한 정확한 이해와 인식을 가지고 있는 것이 효과적인 위기개입에 도움이 될 수 있다. 자살시도와 비자살적 자해에 대한 연속적 개념과 독립적 개념을 구체적으로 설명하면 다음과 같다.

(1) 연속적 개념

자살시도와 비자살적 자해행동을 같은 선상에서 보는 연속적 개념은 비자살적 자해가 부정적 정서를 감소시키고 감정적 균형을 찾고자 하는 것이며 죽고자 하는 것이 아니라 살고자 하는 것이라고 해도 약화된 자살행동으로 보는 관점이다. 이 관점에서는 비자살적 자해를 초점적 자살(Focal Suicide)로 명명하거나, 자살행동으로 연결될 수 있는 위험이 높다는 점에서 유사자살(Para-Suicide)로 개념화하기도 한다(Skegg, 2005). 자살의도가 배제된 신체 일부의 고의적 손상 뿐 아니라 구체적으로 행동화된 자살시도 역시 자해행동의 범위에 포함시키고, 자살의도 유무를 모두 포함시키는 연속적 개념이라고 정의내리는 것이다(Anderson, 2002). 특히, 조이너(Joiner, 2005)는 비자살적 자해라고 해도 이러한 행동의 반복은 점진적으로 자기 파괴의 두려움과 통증을 둔감화시켜 자살시도 가능성을 더 높일 수 있게 된다고 주장함으로써 연속적 개념을 구체화시켰다(Butler & Malone, 2013).

과거의 자해행동이 자살 위험성을 증가시킨다는 연구 결과에서 비자살적 자해행동을 하는 청소년의 70% 가량이 이후 실제 자살시도를 보고하고 있기 때문에 자살행동과의 강한 상관관계를 주장하고 있다(Anderson, et al., 2002; Muehlenkamp & Gutierrez, 2007; Wilkinson et al., 2011). 우리나라 역시 청소년 자해관련 연구에서 자해행동을 경험한 청소년의 30% 이상이 자살의도가 있었다고 보고한다(이동귀, 함경애, 배병훈, 2016).

따라서 연속적 개념은 비자살적 자해가 그 자체로 위험한 행동이기도 하고, 자살과 강한 상관관계를 가지고 있기 때문에 자살행동으로 이어질 수 있다는 관점이다.

(2) 독립적 개념

독립적 개념에서는 비자살적 자해행동은 자살시도 즉, 자살행동과는 다른 독립적인 개념이라는 견해로 자살의도에 따라 뚜렷하게 구별되는 행동으로 본다(Anderson et al., 2002; Klonsky, May, & Glenn, 2013). 즉, 자살하려는 의도 없이 자신의 신체 일부에 고의적으로 손상을 입히는 비자살적 자해와 자신의 삶을 끝내고자 하는 의도를 바탕으로 한 자살시도를 확실히 구분해서 이해하는 것이다. 또한, 가정환경, 자해 전 생각의 기간, 경험한 자해행동의 횟수, 자해행동의 사회적, 개인 내적 동기 등 다양한 요인에 따라 자살시도와 비자살적 자해로 구분하기도 하고(이동귀, 함경애, 배병훈, 2016), 비자살적 자해를 하는 경우에는 실제 자해 전이나 자해 중에 자살생각을 보고하지는 않는다고 보는 관점이다(Favazza, 1996; Klonsky, 2007; Klonsky & Muehlenkamp, 2007).

따라서 독립적 개념에서 자살시도와 비자살적 자해는 행위적 동기, 행동이나 인지적 특성, 사망률, 개입방법 등에서 다른 접근과 개입이 필요하다고 주장한다.

위에서 살펴본 것과 같이 자살과 비자살적 자해를 연속적인 것으로 보기도 하고 독립적으로 구분해서 보기도 하지만, 이 밖에도 자살과 비자살적 자해를 구분하는 접근은 다양하다. 다양한 접근 중의 하나는 비자살적 자해와 자살시도를 구분하는 주요기준을 힘겨운 삶에 대한 정서적 반응으로 보는 관점이다. 비자살적 자해는 지배적이고 핵심적 감정인 분노를 자해행동을 통해 감소시키려 하고 삶을 통제하고자 하는 반면, 자살시도는 자신이 처한 상황과 상태를 견딜 수도 피할 수 없을 것이며 미래에 변화가 되지 않을 것이라 인식하고 모든 상황을 통제할 수 없을 것 같아 생을 끝내고 싶어 하는 것으로 이해한다.

다시 말하면, 비자살적 자해를 하는 경우는 자신이 경험하는 혼란을 자해를 통해 통제하고자 하는 것이고, 자살을 시도하는 경우는 자신의 삶을 온전히 통제할 수 없다고 인식하는 것이다(Gulbas et al., 2015). 그렇지만 연속적 개념에서 설명한 바와 같이 비자살적 자해행동을 통해 부정적인 정서를 조절하고 타인의 행동을 조정하는 효과가 감소하거나 기능을 하지 못하면 자살시도로 이어질 위험이 분명하게 있다(서종한, 2018; 서종한, 김경일, 2018). 즉, 비자살적 자해행동을 통한 감정조절 및 통제 메커니즘으로서의 기능이 작동되지 않으면 자살을 시도하게 될 수 있다는 것이다. 하지만 이러한 설명에서도 통제할 수 있는 것과 통제할 수 없는 것의 경계가 불분명하고, 이들 행동유형 사이에는 좀 더 복잡한 상관관계가 있으며, 비자살적 자해행동이 자살시도로 이어질 수 있다는 가능성을 고려할 때 충분히 자살의 위험요인으로 고려되어야 한다(Klonsky, May, & Glenn, 2013).

그러나 자살시도와 비자살적 자해를 의도, 치명성, 빈도, 방법, 인지적 상태, 그리고 결과 및 영향(개인적, 대인관계적)에 따라 구분해 볼 수 있다(Muehlenkamp & Kerr, 2010). 자살의 의도를 보면 자살시도는 삶의 종결, 참을 수 없는 심리적 고통에서 벗어나기 위해 선택하는 행동이지만, 비자살적 자해는 심리적 고통으로부터의 일시적인 도피와 자기 및 상황의 변화를 추구하고자 하는 것이다. 방법의 치명성에서 살펴보면, 자살시도는 높고 비자살적 자해는 낮다. 행동의 빈도를 살펴보면, 자살시도는 일반적으로 1~3회 정도로 낮은 반면 비자살적 자해는 빈도가 높고 만성적이며 반복적이다. 방법을 보면 자살시도는 단일한 방법으로 시도하는 데 반해 비자살적 자해는 다양한 방법으로 시도하는 경향이 있다. 인지상태를 보면 자살시도의 인지적 상태는 희망 없음, 무기력, 문제해결이 불가능하다고 인식하지만, 비자살적 자해는 고통스럽기는 하지만 희망이 있고 적응적이든 부적응적이든 자신의 문제해결 방법이 있는 것으로 인식한다. 결과를 보면 자살시도의 결과는 개인적으로 좌절, 실망, 고통의 증가가 나타나고 대인관계적으로는 타인의 돌봄과 관심이 나타나지만 비자살적 자해의 결과는 개인적으로 안도감, 진정효과, 고통의 일시적 감소가 나타나고 대인관계적으로는 타인의 비난, 거절이 나타나는 차이가 있다.

명확하게 이 두 행동을 구별할 수 있는 것은 아니지만 이렇듯 특성에 따라 구별하여 이해해 볼 수 있을 것이다. 다음은 이러한 차이를 정리한 것이다.

자살시도(Suicide Attempt)와 비자살적 자해(NSSI)의 구분

<table>
<tr><th colspan="2">특성</th><th>자살시도</th><th>NSSI</th></tr>
<tr><td colspan="2">의도</td><td>• 삶의 종결
• 참을 수 없는 심리적 고통에서 벗어나고자 함</td><td>• 심리적 고통으로부터 일시적인 도피
• 자기 및 상황의 변화 추구</td></tr>
<tr><td colspan="2">방법의 치명성</td><td>• 높음</td><td>• 낮음</td></tr>
<tr><td colspan="2">행동 빈도</td><td>• 낮음(일반적으로 1~3회)</td><td>• 높음(때로는 100회 이상)
• 만성적, 반복적</td></tr>
<tr><td colspan="2">시도된 방법</td><td>• 단일한 방법</td><td>• 다양한 방법</td></tr>
<tr><td colspan="2">인지적 상태</td><td>• 희망 없음, 무기력함
• 문제해결이 불가능함</td><td>• 고통스럽지만 희망은 있음
• 적응적 문제해결이 어려움</td></tr>
<tr><td rowspan="2">결과 및 영향</td><td>개인적</td><td>• 좌절, 실망감, 고통의 증가</td><td>• 안도감, 진정효과, 고통의 일시적 감소</td></tr>
<tr><td>대인관계적</td><td>• 타인의 돌봄, 관심</td><td>• 타인의 비난, 거절</td></tr>
</table>

출처: Muehlenkamp & Kerr(2010).

2. 비자살적 자해(NSSI)에 대한 이론적 모델

비자살적 자해를 설명하는 다양한 이론들이 있지만 일반적으로 심리적 모델, 사회학적 모델, 생물학적 모델, 정신역동적 모델 그리고 경험회피적 모델로 설명한다. 최근에는 이러한 모델들을 포함한 통합적 그리고 수정된 통합적 모델로 비자살적 자해를 설명하고 있다. 비자살적 자해에 대한 이론적 모델을 보다 상세히 설명하면 다음과 같다.

1) 심리적 모델

비자살적 자해에 대한 심리적 모델은 비자살적 자해행동을 이전에 했었

지만 현재 하지 않거나, 그 행동을 반복적으로 지속하게 하는 이유를 개인의 심리적 요인에 초점을 맞추는 것이다.

(1) 정서조절 곤란

심리적 모델에서 정서조절곤란 요인은 부정적 정서를 조절하기 위해 비자살적 자해를 선택한다는 것이다. 몇몇 연구에서 비자살적 자해를 경험한 집단은 그렇지 않은 집단에 비해 좀 더 자주, 심하게 부정적 정서를 경험하는 것으로 보고하고 있다. 자해를 하는 집단은 부정적 기질(Klonsky, 2003)과 우울, 불안(Andover et al., 2005) 그리고 정서조절 곤란(Gratz & Roemer, 2004)의 점수가 상대적으로 더 높게 나타났다. 부정적 정서에 압도되는 것으로 인해 지속적으로 힘든 사람들은 일반적인 사람들이 생각하지 않는 방법을 포함하여 다양한 방법으로 압도되는 정서에 대처하는 경향이 있다. 즉, 많은 선행연구에서 비자살적 자해는 압도되는 부정적 정서에 대처하기 위한 행동이라고 지적하고 있다(Klonsky, 2011).

비자살적 자해를 하는 사람들은 불안, 좌절, 분노와 같은 격렬한 감정들을 경험할 때 자해를 함으로써 즉시 그러한 감정들이 감소되고 평온함, 이완과 같은 느낌이 증가된다고 보고하고 있으며(Klonsky, 2007, Lewis & Santor, 2008). 그중 부정적 정서가 상대적으로 더 많이 감소한 것으로 보고한 사람들은 비자살적 자해를 더 지속적이고 더 자주 하는 것으로 나타났다(Klonsky, 2007). 즉, 비자살적 자해는 격렬하고 부정적인 감정을 자주 경험하는 사람들이 이러한 감정을 즉각적으로 완화시키기 위해 하는 행동으로 이해할 수 있다. 이러한 관점에서는 비자살적 자해를 정서조절 장애로 볼 수 있다. 최근 연구들에서 높은 각성상태인 격렬한 부정적인 감정(불안, 분노, 억울함, 수치심, 좌절감 등)은 낮은 각성상태인 부정적인 감정(슬픔, 외로움, 절망감 등)과 비교할 때 비자살적 자해를 더 자극할 가능성이 높았고, 비자살적 자해 이후 높은 각성상태와 격렬한 부정적 감정들이 실제로 감소하는 것을 발견하였다.

따라서 비자살적 자해는 높은 각성상태인 격렬한 부정적 감정을 감소시키고 낮은 각성상태의 평온, 안전감 등의 긍정적 정서로 돌아오게 하는 것으로 생각할 수 있다(Klonsky. 2007).

(2) 자기비하

심리적 모델에서 자기비하 요인은 비자살적 자해의 동기를 반영하고 비자살적 자해의 강력한 예측요인으로 간주한다. 비자살적 자해를 하지 않는 사람들과 비교하여 비자살적 자해를 하는 사람들은 지속적인 자기비판, 낮은 자존감이 나타나고 자기혐오의 수준이 더 높은 것으로 나타났다(Glassman et al., 2007; Klonsky, 2003; Soloff et al., 1994). 실제로 자해를 하는 사람들의 대부분은 자해의 이유를 "나 자신에게 벌을 준다." 혹은 "나 자신에게 분노를 표현하는 것이다."(Klonsky, 2003)라고 표현하기도 한다.

일반적으로 부정적 정서로 인해 곤란을 경험한다고 해서 모두가 비자살적 자해를 하지는 않는다. 사람에 따라 혹은 상황에 따라 적응적 방법으로(예: 친구에게 이야기하기, 운동하기 등) 혹은 부적응적 방법(예: 공격적 폭발행동 등)으로 부정적 정서에 대처하기도 한다. 그런데 자기비하가 일반적이거나 낮은 사람들은 화가 났을 때 다른 사람들을 비난하거나 공격적으로 행동할 가능성이 더 있지만, 비자살적 자해를 하는 사람들은 화가 났을 때 타인보다는 자기 자신을 비난하는 것에 더 익숙하고 편안함을 느낀다. 따라서 어떤 연구에서는 정서조절 곤란과 자기비하가 공존하면 비자살적 자해를 더 자주, 반복적으로 지속하게 하는 높은 위험요인 중 하나라고 제안한다(Klonsky & Muehlenkamp, 2007).

2) 사회적 모델

사회적 모델에서는 사회적 요인이 비자살적 자해의 원인, 유지 및 개입에 있어 중요한 역할을 하는 것으로 본다. 또한, 사회적 모델은 앞에서 언급한 비자살적 자해에 대한 심리적 모델의 부족한 부분을 보완하기도 한다.

(1) 사회적 지지의 부족

사회적 모델에서 사회적 지지의 부족은 비자살적 자해의 취약성을 증가시키는 중요한 요인이라고 본다. 비자살적 자해를 하는 사람들은 일반적으로 사회적 문제해결 기술의 부족을 보고하고(Howat & Davision, 2002; Kehrer & Linehan, 1996) 지각된 고립감, 소외감과 관련이 있으며(Castille et al., 2007), 스트레스가 심한 사회경험에 부적응적으로 적응하는 경향이 있다(Prinstein et al., 2010). 비자살적 자해를 하는 사람들의 자해 과거력을 살펴보면 적응적인 해결방법의 사용을 통해서 얻어지는 자기효능감 대신에 문제를 해결해야 할 사회적 상황에서 부적응적 해결방법을 많이 사용하며, 사회적 거절을 상대적으로 많이 경험하는 것으로 나타났다(Nock & Mendes, 2008).

따라서 사회적 모델에서 사회적 지지의 부족은 적어도 다음의 두 가지 방법으로 비자살적 자해의 위험을 증가시킨다고 본다. 첫째, 사회적 지지의 부족과 어려움들은 부정적 정서의 빈도와 강도를 증가시킬 수 있으며, 이를 비자살적 자해를 통해 조절하려 한다. 둘째, 사회적 영향을 미치려는 수단으로 비자살적 자해를 사용할 수 있고, 사회적 관계와 상황을 협상하기 위한 전략으로 사용한다.

(2) 사회적 영향

사회적 모델에서 사회적 영향 요인은 비자살적 자해를 제대로 이해하기 위해 사회적 맥락과 환경을 다양한 측면에서 고려해야 한다는 것이다. 비자살적 자해와 사회적 영향에 대한 이론적 근거는 월시와 로젠(Walsh & Rosen, 1985)의 연구에서 시작되었다. 이들의 연구에서 특정 청소년의 비자살적 자해행동은 다른 청소년들의 비자살적 자해에도 영향을 미치며, 적어도 부분적으로 사회적 전염병처럼 청소년들 사이에서 퍼져나갈 수 있다고 제안하였다. 그 후, 임상집단을 대상으로 실시한 연구에서도 유사한 결과가 나왔는데, 비자살적 자해를 하는 독실 입원환자의 행동이 다른 병실환자의 비자살적 자해 행동에 영향을 주는 것으로 나타났다(Ghaziuddin et al., 1992; Rosen & Walsh, 1989).

청소년대상의 자해행동 관련 연구들을 살펴보면, 청소년들 사이에서 자해 방법을 포함한 정보들이 인터넷, SNS를 통해 퍼져 나가고 있고, 이러한 정보들이 일반화되는 효과와 잠재적 전달력이 있음을 발견하였다(Whitlock, Powers, & Eckenrode, 2006). 또 다른 청소년 대상의 연구에서도 특정 청소년의 자해행동에 대한 강력한 예측 요인으로 친한 친구들과 유사한 행동을 하고자 하는 경향성을 지적하였다(Kandel, 1978). 이러한 현상은 청소년들이 자신들과 비슷한 태도와 유사한 행동을 하는 특정 친구와 매우 친밀감을 느끼고 동질적이라 인식하는 선택적 효과로 설명할 수 있고, 자신들의 또래 집단이 하는 행동을 모방함으로써 소속감이나 연대감을 가지려는 사회적 효과로 설명할 수 있다. 이러한 설명은 청소년들이 자해행동을 할 때 자신들의 행동이 그들이 속해 있는 또래집단으로부터 인정받거나 강화를 받게 되면 강력한 소속감을 가지게 되어 그러한 자해행동을 좀 더 하게 되고 줄이지 못하는 원인이 된다는 것이다(Prinstein & Dodge, 2008).

비록, 이러한 사회적 영향이 비자살적 자해에 중요한 영향을 준다는 것에 대한 연구결과들이 제시되고 있지만, 사회적 영향에 대한 종속적 연구가 거의 없는 상황이기 때문에 추후 이와 관련된 종속적 연구가 필요하다.

(3) 사회적 기능

사회적 모델에서 사회적 기능 요인은 비자살적 자해가 관계의 갈등 혹은 상실과 같은 대인관계적인 사건들에 의해 생길 수 있다고 설명하는 것이다(Jones et al., 1979). 사회적 기능에 대한 중요한 증거들은 비자살적 자해 기능들의 구조를 연구하는 것과 관련된다.

사회적 기능에서는 비자살적 자해를 다음과 같이 두 가지로 구분하기도 하였다. ① 개인 내적 기능(정서조절, 자기처벌), ② 사회적 기능(대인관계 영향, 또래 연대감)(Klonsky & Glenn, 2009; Nock & Prinstein, 2004). 또한, 녹과 프린스턴(Nock & Prinstein, 2004)은 추후 사회적 기능을 두 가지 하위요인으로 세분화하여 구분하였다. ① 사회적-긍정적(social-positive): 비자살적 자해를 함으로써 긍정적인(원하는) 사회적 결과를 얻는 것으로 타인으로부터 관심을 얻게 되는 기능을 하게 된다는 것이다. ② 사회적-부정적(social-negative): 비자살적 자해를 함으로써 부정적인(원하지 않는) 사회적 결과를 얻는 것으로 타인으로부터 비난 혹은 관심을 잃는 기능을 하게 된다는 것이다. 그리고, 비자살적 자해의 사회적 기능을 다음과 같이 분류하였다. ① 다른 사람에게 영향을 미치는 것: 내 심리적 고통을 남들이 알게 하기 위한 것, ② 친구와의 유대감: 다른 친구들과 어울리기 위한 것, ③ 감각 추구: 극단적인 행동을 하여 자신의 감각을 충족하기 위한 것, ④ 복수: 고통을 준 당사자를 힘들게 하기 위한 것

비록 사회적 기능들이 개인 내적 기능보다 영향을 덜 받는 것으로 보이지만, 특히 청소년의 경우에는 사회적 기능이 더 중요한 기능을 하기도 한다(Klonsky, 2007; Klonsky & Glenn, 2009; Nock & Prinstein, 2004).

3) 생물학적 모델

초기 연구에서는 비자살적 자해의 생물학적 결정요인에 대한 확실한 정보는 거의 없었다. 그러나 이후 몇몇 생리학적 요인들이 비자살적 자해에서 중요한 역할을 한다는 연구결과들을 통해 최근 생물학적 모델의 중요성이 대두되고 있다.

(1) 내인성 마약류

브래신과 고든(Bresin & Gordon, 2013)은 부정적인 정서를 감소시키기 위해 비자살적 자해를 하게 되는 정확한 기제는 아직까지 명확하게 밝혀지지 않고 있으나, 다양한 선행연구들을 통해 내인성 마약(endogenous opioid)의 역할을 지적하였다. 비자살적 자해를 하는 동안 진통제 역할을 하는 내인성 마약 성분이 분비되어 부정적 정서를 줄이고 긍정적 정서를 증가시킬 수 있다는 것이다. 트레버와 줄린(Trevor & Juleen, 2013)도 자해 후 상처가 나면 진통작용을 하고 스트레스를 감소시키는 엔도르핀(endorphin)을 분비시킨다고 하였다. 즉, 비자살적 자해 후 경험하는 감각의 안정화 과정이 신체적 부상 후 진통 작용을 하는 엔도르핀이 분비되는 과정과 유사해서 비자살적 자해가 정서적 고통을 완화시키고 감정을 가라앉혀 준다는 것을 일부 증명하고 있다(이동훈 등, 2013; Galley, 2003).

(2) 세로토닌

파바자(Favazza, 1996)는 비자살적 자해 집단과 비자해 집단의 세로토닌(serotonin) 수준을 비교한 연구에서 비자살적 자해를 하는 사람들이 그렇지 않은 사람들에 비해 세로토닌의 수준이 낮다고 지적하였다. 세로토닌은 충동성이나 공격성을 조절하는 역할을 하는 신경전달물질로 우리의 몸과 마음이 안정되고 평화로울 때 많이 분비된다. 즉, 자해를 하는 청소년들이 보다 충동적으로 행동하기 쉬운 것은 이러한 세로토닌의 낮은 수준으로도 설명할 수 있을 것이다.

4) 심리 역동적 모델

역사적으로 심리 역동적 모델에서는 비자살적 자해를 다양한 무의식, 부정적인 충동성 또는 분열된 자아기능에 의해 동기화된다고 설명한다. 초기 모델에서는 비자살적 자해가 성적학대 경험을 재현하고 통제감을 발현하는 것이라 주장하기도 하였다(Bennum, 1984). 또한, 자해행동을 자기 자신에게 수용되지 않는 공격성으로 폭력적인 처벌을 하고자 하는 자학적 행위라고 하고(Bennum, 1984), 상징적으로 월경을 통제하는 것이라고 하였으며, 수용되지 못하는 사고, 욕구, 숨겨진 성적충동 등을 표현하는 방법이라고도 하였다(Lane, 2002). 하지만, 이와 같은 비자살적 자해에 관한 초기 심리 역동적 모델은 경험적 연구를 통해 일반적으로 지지받지는 못하였다.

최근의 비자살적 자해에 관한 심리역동 모델에서는 경계선적 성격장애(BPD)와 관련한 성격장애의 부적응적 기능 형태로 개념화하였고, 분열된 성격으로 인해 나타나는 행동이며, 강력한 원시적 방어기제로 설명하고 있다(Kernberg, 1984). 이러한 관점에서 보면, 비자살적 자해는 개개인이 어려움을 효과적으로 관리하지 못하여 다른 사람과 자신을 개별화하고 있고, 정체성의 혼란을 가지고 있는 것으로 설명할 수 있다. 만약 개인이 자신과 타인의 긍정적, 부정적인 내적표현 모두를 좀 더 통합할 수 있다면 균형 잡힌 정체성을 가질 것이기 때문에 비자살적 자해는 하지 않을 것이라고 주장하고 있다.

이렇게 균형 잡힌 정체성은 무의식적인 공격적 충동성을 감소시킬 것이며, 타인과 진실하고 건강한 친밀함을 발전시켜 전반적인 기능을 향상시킬 수 있을 것으로 본다(Kernberg, 1984). 이러한 비자살적 자해에 대한 심리 역동적 이론은 아직 이론적 근거가 부족하지만 정신역동 모델을 근거로 한 경계선 성격장애(BPD) 치료가 일부 자해행동을 감소시킨다는 결과가 있다(Levy, Yeomans, & Diamond, 2007).

5) 기능적 모델

비자살적 자해의 기능모델(Non-Suicidal Self-Injury Function Model)(Nock & Prinstein, 2004)은 행동주의적 관점을 기반으로 비자살적 자해를 유발하는 자동적 정적강화, 자동적 부적강화, 사회적 정적강화, 사회적 부적강화 4가지 요인으로 분류하여 설명한다. 다음은 이러한 기능적 모델의 하위요인들을 구체적으로 설명한 것이다.

(1) 자동적 정적강화(automatic positive reinforcement)

자동적 정적강화는 비자살적 자해를 통해 원하는 자극을 추구하거나 안정감을 얻게 되는 것이다. 즉, 비자살적 자해행동을 하게 되면 개인에게 즉각적으로 정서적 안정감을 주거나 그 행동 자체가 개인적 자극을 충족시키는 것이다. 그 결과 심리적 안정감이나 자극 추구의 욕구를 얻게 되는 경험을 하면 비자살적 자해행동이 강화되어 증가하게 된다는 것이다.

(2) 자동적 부적강화(automatic negative reinforcement)

자동적 부적강화는 비자살적 자해를 통해 분노나 불안 등을 유발하는 극도의 부정적 정서를 감소시키거나 회피할 수 있다는 것이다. 즉, 격한 부정적 정서를 없애고자 하는 것으로 이러한 불편한 감정들로부터 즉각적으로 도피하고 회피하기 위한 것이다. 이러한 행동을 통해 부정적 정서가 회피되고 도피되는 경험을 하게 되면 비자살적 자해행동이 강화되어 증가하게 된다는 것이다.

(3) 사회적 정적강화(social positive reinforcement)

사회적 정적강화는 비자살적 자해를 통해 부모나 주변사람들에게 관심 및 지지를 얻게 되는 것이다. 즉, 비자살적 자해행동을 통해 단기적으로 긍정적인(개인이 원하는) 주위의 관심을 받게 되는 것이다. 이러한 행동을 통해 단기적으로 자신이 원하는 긍정적 관심을 얻게 되면 비자살적 자해행동이 강화되어 증가된다는 것이다.

(4) 사회적 부적강화(social negative reinforcement)

사회적 부적강화는 비자살적 자해를 통해 사회적 상황이나 대인관계에서 해야 할 의무 또는 책임을 회피거나 벗어날 수 있게 되는 것이다. 즉, 비자살적 자해행동을 통해 사회적으로 부정적 반응이 있기는 하지만 단기적으로 자신이 하기 싫고 불편했던 책임 등을 회피할 수 있는 것이다. 이러한 행동으로 인해 자신의 책무로부터 벗어나는 경험을 하게 되면 비자살적 자해행동이 강화되어 증가된다는 것이다.

6) 경험 회피 모델(The Experiential Avoidance Model: EAM)

채프먼, 그라츠와 브라운(Chapman, Gratz & Brown, 2006)의 경험회피 모델(The Experiential Avoidance Model: EAM)은 원치 않는 정서적 각성을 피하거나 감소시키기 위해 비자살적 자해를 시도하게 된다는 것이다. 즉, 정서적 자극을 유도하는 사건을 통해 정서적 반응이 일어나게 되고 높은 정서강도, 각성에 대한 조절의 어려움, 낮은 고통 내성, 정서조절 기술의 부족 등의 취약 요인들로 인해 회피의 방식으로 비자살적 자해행동을 하게 된다고 보는 것이다. 이 모델은 비자살적 자해의 과정에서 일시적으로나마 부정적인 정서가 완화되는 경험을 하면, 자해행동이 강화되어 습관화되기 쉬우며 하나의 규칙이 되어 이러한 행동이 악순환 되는 것으로 보는 것이다.

7) 통합적 모델(Integrated Model)

녹(Nock, 2009)은 기존의 자해 관련 연구들을 통합하여 통합적 모델을 제시하였다. 통합적 모델에서는 비자살적 자해의 원거리 위험요인(distal risk factor)으로 인해 개인 내/외적 취약성을 가지고 있는 개인이 스트레스가 촉발되는 사건을 경험할 경우, 이로 인해 유발된 정서적/사회적 상태를 조절하기 위한 시도로 자해행동을 하게 된다고 설명하였다. 통합적 모델에서는 비자살적 자해의 원거리 위험요인으로 아동기의 학대 경험과 가족 내의 적대적이고 비판적인 분위기, 높은 수준의 정서적/인지적 반응성에 대한 유전적 성향에 주목하였다. 아동기의 학대 경험 특히, 신체적/성적 학대로 인한 외상(trauma)은 비자살적 자해를 유발하는 결정적인 요인으로 널리 알려져 있다(van der Kolk, 2005). 특히, 높은 수준의 정서적/인지적 반응에 대한 유전적 성향 요인인 정서강도(affect intensity)에 주목한다. 정서강도란 개인이 전형적으로 정서를 경험하는 정도를 말하고, 정서적인 사건에 대한 생리적 각성수준과 반응성을 의미하는데, 개인마다 생리적으로 정서를 체험하는 크기 혹은 강도가 다르고 이후 개인의 자해행동에도 차별적으로 영향을 미치게 된다(Larsen & Diener, 1987).

8) 통합적 모델의 수정된 버전

제이콥슨과 비테 잔(Jacobson & Batejan, 2014)은 녹(Nock, 2009)의 통합적 모델을 보완하여 수정된 모델을 제안하였다. 이 모델은 자해의 원거리 위험요인을 유전적 요인과 환경적 요인으로 구분하고, 아동기의 학대와 생물학적 요인은 상호적으로 영향을 미친다는 개념이다. 지속적인 학대는 신경전달물질의 기능을 포함한 생물학적 변화를 일으켜 개인 내적 취약성을 증가시키고 그로 인한 아동기의 높은 정서적 반응성은 학대의 희생양이 되는 위험을 증가시킬 수 있다는 것이다. 수정된 버전에서는 아동기의 분리 및 상실 경험을 추가했는데, 학대로 인한 외상경험 외에도 가족의 상실과 건강하지 않은 애도, 생활사건에 대한 부적절한 대처와 관련된 가족 기능도 중요한 변수가 될 수 있다고 하였다.

3. 비자살적 자해(NSSI)의 진단기준

비자살적 자해(NSSI), 즉, 자살의도를 동반하지 않은 자해행동에 대해 DSM-5의 「후속연구를 위한 조건(Conditions for Further Study)」에서 자살행동장애(Suicidal Behavior Disorder)와 구별하여 비자살적 자해의 진단기준(American Psychiatric Association, 2013)을 다음과 같이 제시하였다.

1) 기준 A

지난 1년간 5일 또는 그 이상 신체 표면에 고의적으로 출혈, 상처, 고통을 유발하는 행동(예: 칼로 긋기, 불로 지지기, 찌르기, 과도하게 문지르기 등)을 자신에게 스스로 가하며, 이러한 행동은 단지 경도 또는 중등도의 신체적 손상을 유발할 수 있는 자해행동을 하려는 의도에 의한 것이다(즉, 자살의도가 없음). 기준 A에 대한 조사연구에 따르면 청소년의 11.2%~37.4%가 비자살적 자해행동을 하는 것으로 나타났다(Andover, 2014; Gratz, Dixon-Gordon, Chapman, & Tull, 2015). 이들 행동은 사회적 고립, 죄책감, 수치심(Gratz, 2003), 의학적 심각성에 이르게 하는 신체적 상해, 감염 및 흉터 등 의학적 후유증 등 심각한 부정적 결과를 초래한다(Klonsky, May, & Glenn, 2013).

※ 주의할 점은 자살의도가 없다는 것이 개인에 의해 보고된 적이 있거나, 반복적인 자해행동이 죽음에 이르게 하지는 않을 것이라는 점을 개인이 이미 알고 있었거나 도중에 알게 된다고 추정한다.

2) 기준 B

개인은 다음 중 하나 또는 그 이상의 기대를 하고 자해행동을 시도한다.

(1) 부정적 느낌 또는 인지상태로부터 안도감을 얻기 위하여

(2) 대인관계 어려움을 해결하기 위하여
(3) 긍정적인 기분 상태를 유도하기 위하여
※ 주의할 점은 개인은 원했던 반응이나 안도감을 비자살적 자해행동 도중 또는 직후에 경험하고, 반복적인 자해행동에 대한 의존성을 나타내는 행동양상을 보일 수 있다.

3) 기준 C

다음 중 최소한 한 가지와 관련된 고의적인 자해행동을 시도한다.
(1) 우울, 불안, 긴장, 분노, 일반화된 고통, 자기비하와 같은 대인관계 어려움이나 부정적 느낌 또는 생각이 자해행위 바로 직전에 일어난다.
(2) 자해행위에 앞서 의도한 행동에 몰두하는 기간이 있고 이를 통제하기 어렵다.
(3) 자해행위를 하지 않을 때에도 자해에 대한 생각이 빈번하게 일어난다.

4) 기준 D

자해행동은 사회적으로 용인되는 것(예: 바디 피어싱, 문신, 종교적 또는 문화적 의례의 일부)이 아니며, 딱지를 뜯거나 손톱을 물어뜯는 것에 제한되지 않는다.

5) 기준 E

행동 또는 그 결과는 대인관계, 학업 또는 다른 중요한 기능 영역에서 임상적으로 현저한 고통이나 방해를 초래한다.

6) 기준 F

이 행동은 정신병적 삽화, 섬망, 물질 중독 또는 물질 금단 기간에만 일어나는 것이 아니다. 신경발달장애가 있는 개인에게서 반복적인 상동증상의 일부로 나타나는 것이 아니다. 또한 자해행동이 다른 정신질환이나 의학적 상태로 더 잘 설명되지 않는다(예: 정신병적 장애, 자폐 스펙트럼 장애, 지적장애, 레쉬-니한 증후군, 자해를 동반하는 상동증적 운동장애, 발모광(털뽑기 장애), 피부 뜯기 장애).

4. 비자살적 자해(NSSI)의 역학

비자살적 자해를 좀 더 자세히 이해하기 위해서는 전반적인 유병률, 성별에 따른 비자살적 자해의 차이, 연령에 따른 특성, 그리고 비자살적 자해 방법의 특성들을 살펴볼 필요가 있다. 이러한 특성들을 이해하는 것은 적절하고 효과적인 위기개입에 도움이 될 수 있다.

1) 유병률

비자살적 자해를 하는 사람들 가운데 절반 정도는 다시 자해를 하지 않는다(Klonsky, 2011; Klonsky & Olino, 2008; Lloyd-Richardson et al., 2007; Tang et al., 2013; Whitlock et al., 2007). 이는 비자살적 자해로 인한 정서적 이득이 덜하거나 그보다 더 효과적인 다른 대처방법을 발견하였기 때문이다. 즉, 일시적으로 스트레스 요인이 제거되었거나 새로운 보상관계가 성립되어 정서적 고통이 상쇄되었다는 것이다. 그러나 나머지 절반은 비자살적 자해를 통제할 수 있는 환경적 요인이 제거되지 않았거나, 원하던 보상관계가 성립되지 않아 정서적 고통이 그 상태로 지속되는 것으로 볼 수 있다.

비자살적 자해(NSSI)행동은 스트레스 조절과 긴장이완 및 스트레스에 대한 적극적인 대안이나 해결방법을 찾는 데 어려움을 느끼는 청소년기에게서 많이 발생하는 경향이 있다. 일반적으로 자해행동을 시작하는 연령은 청소년기에서 초기 성인기인 대략 12~14세에서 20세가 되기 전 가장 많이 하는 것으로 보고되고, 평생에 걸친 유병률은 12~38% 정도라고 알려져 있다(Gratz, Conrad, & Roemer, 2002; Muehlenkamp & Gutierrez, 2004; Nock & Favazza, 2009).

한국청소년상담복지개발원(2013)의 '상담경향 보고서'에 따르면 2008년 이후 자해 및 자살시도 상담이 꾸준한 증가추세에 있고, '2013년 위기청소년 포럼'에 따르면 청소년 응답자 33.2%가 자해경험을 보고하는 것으로 나타났다(용인시 청소년 상담복지센터, 2013). 청소년은 높은 연령대에 비해 상대적으로 생활 스트레스에서 오는 정서자극에 예민하고 강렬한 반응을 보이는 반면 주변 환경에 대해서는 무력감을 경험하는데, 이들 중 10~15%는 한 번 이상의 자해행동을 하고(Jacobson et al., 2008; Laye-Gindhu & Shonert-Reichl, 2005; Ross & Heath, 2002), 대학생의 약 17~26%가 한 번 이상 자해를 한 것으로 보고되고 있다(Whitlock et al., 2006; 백보겸, 2017). 반면 성인의 경우, 약 4% 정도가 비자살적 자해행동을 하는 것으로 보고된다(Klonsky, 2011). 임상표본에서는 전반적으로 30~82.4%의 매우 높은 유병률을 나타내고 있고(Nock, Prinstein, 2004; Penn et al., 2003), 비임상표본에서는 청소년의 17.2%, 대학생의 13.4%, 25세 이상 성인에서는 5.5% 정도의 유병률이 보고된다(Swannell et al., 2014). 임상군의 경우에 성인의 21%, 청소년 및 대학생의 30~40% 정도이고(Briere & Gil, 1998; Darche, 1990; Jacobson & Gould, 2007), 병원이나 상담기관 등에서 관련 서비스를 전혀 받지 않은 비임상군에서는 성인의 4~6% 정도이며(Briere & Gil, 1998; Klonsky, Oltmanns, & Turkheimer, 2003), 청소년의 15~20%, 대학생의 12~17%(Heath et al., 2008; Heath et al., 2009; Whitlock, Eckenrode, & Selverman, 2006)가 적어도 한 번 이상 자해를 경험하는 것으로 나타난다.

그러나 이러한 비자살적 자해와 관련된 수치는 통계상으로 나타나는 것일 뿐이며, 자해행동의 특성상 실제 보고되지 않은 비자살적 자해행동은 잠재적으로 더 많을 것으로 추정된다.

2) 성별

자해행동은 남녀 모두에게 나타나는 행동이기는 하지만 비자살적 자해는 여성에게서 좀 더 많이 나타난다. 동기적 측면에서 남녀 모두 부정적 정서에 대한 대처 및 긴장 완화가 목적이지만 여성은 격렬한 분노에서 벗어나기 위하여 혹은 견디기 힘든 고통을 비자살적 자해로 대체하는 반면 남성은 자기 처벌적 이유로 비자살적 자해를 더 하는 것으로 보고하고 있어 남녀 간에 다소 차이를 보인다(Nixon, Cloutier, & Aggarwal, 2002).

3) 연령

청소년기는 아동기와 성인기 사이의 과도기적 단계로 다양한 변화에 적응해야 하고, 인지기능은 아직 미성숙하여 스트레스가 심한 상황에서 적절한 대처전략을 세울 수 있는 능력이 부족할 수 있다. 많은 연구에서 비자살적 자해는 청소년 시기에 가장 흔하게 나타나고, 13세를 전후로 시작되며), 16세부터 24세 사이에 절정에 이른다고 보고한다(Klonsky & Muehlenkamp, 2007; Muehlenkamp & Gurierrez, 2004; Nock & Favazza, 2009; Nock & Prinstein, 2004; Ross & Heath, 2002; Whitlock et al., 2006). 우리나라 연구에서도 대부분 초등학교 6학년이나 중학교 1학년 시기인 12세에서 13세 사이에 자해행동이 시작되는 것으로 나타나고 있다(이동귀, 함경애, 배병훈, 2016). 그러나 자해나 자살시도로 인한 손상이 가장 심하고 높은 위험을 나타내는 연령은 20대인 것으로 보고된다(김재익, 오주환, 2014; Rodham & Hawton, 2009). 이와 같은 연령에 따른 특성을 종합하면 일반적으로 청소년기에서 초기 성인기에 주로 비자살적 자해를 가장 많이 하고, 반복적인 특성으로 인해 성인 중반에 이르기까지 자해가 지속되는 것으로 보인다(Fortune & Hawton, 2005).

4) 비자살적 자해 방법

비자살적 자해는 신체적 고통을 통해 자기처벌 및 자기혐오적 감정을 표현하는 방법이라 볼 수 있다. 신체에 상처를 내는 행위는 고통스러운 기억을 차단하고 부적절한 정서를 조절 또는 완화하기 위한 것으로 자기 통제감을 회복하고 스스로의 존재를 확인하게 한다(Gratz, 2003; Gulbas et al., 2015; Sutton, 2007). 비자살적 자해행동에 관한 한 연구에서는 지난 4주간 9.73일, 평균 5.26개의 다른 방법으로 시행하는 것으로 나타났는데, 그 방법으로는 베기(cutting, 81.8%), 때리기(self-hitting, 72.7%), 긁기(scratching, 60.6%), 물기(self-biting, 57.6%), 상처치료를 지연하기(interfering with wound healing, 54.5%)

등의 다양한 방법을 사용한 것으로 나타났다(Andover et al., 2017).

최근 우리나라 청소년들 사이에서도 비자살적 자해가 급증하는 추세인데 자해행동의 대부분은 손목에 손상을 가하는 방법을 보고하고 있다(이동훈, 양미진, 김수리, 2010). 성별에 따라 다소 차이를 보이는데, 여자청소년의 경우에는 할퀴거나 커터칼로 긋는 방법, 남자청소년의 경우 불로 지지기 등 여자청소년에 비해 상대적으로 신체에 치명적인 방법을 사용하는 것으로 나타난다(이혜림, 2013). 만 19세에서 29세 남녀 대학생을 대상으로 한 연구에서는 무늬·그림·표시 새기기, 글자 새기기, 피가 날 만큼 심하게 긁기, 멍이 들만큼 때리기, 칼로 베기, 머리를 무엇인가에 부딪치기, 날카로운 물체(바늘이나 핀)로 찌르기 등의 순으로 자해방법을 사용하고, 최소 한 가지에서 최대 여섯 가지의 자해방법을 같이 사용하는 것으로 보고한다(백보겸, 2017). 이처럼 일반적으로 비자살적 자해의 방법으로는 깨물기, 고의로 때리기, 상처가 날 정도로 피부 긁기, 상처 꼬집기 등의 순으로 경도 수준의 방법들을 더 많이 보고하고 있다(권혁진, 권석만, 2017; 이동귀, 함경애, 배병훈, 2016; Nock, 2010). 반면, 비임상군인 일반 성인을 대상으로 한 연구에서는 자해의 방법으로 '과음을 한다.'와 '자기비하적인 생각으로 스스로를 괴롭힌다.'는 보고가 많았으며, 그 외 다수가 경도의 자해방법을 사용하는 것으로 나타났다(한지혜, 2018).

5. 비자살적 자해(NSSI)의 특성

비자살적 자해(NSSI)는 자살의도의 부재, 직접성, 반복성(권혁진, 권석만, 2017), 충동성(Nock, 2010) 등이 중요 특성이다. 즉, 비자살적 자해(NSSI)는 자신의 정서적 고통을 비교적 빠르고 쉽게 해결하고자 충동적이고 더 자극적인 방식을 선택하는 경향이 있다는 것이다(Joiner et al., 2005). 또한, 자해행동은 동기가 있고, 삶에 대한 의지나 심각한 신체적 손상을 목적으로 하지 않으며, 우연히 또는 모방을 통해 시작하고, 목적을 달성한 이후에도 직접적이고 반복적으로 지속하는 특성이 있다(김수진, 김봉환, 2015). 이러한 특성들을 세 가지로 나누어 구체적으로 살펴보면 다음과 같다.

1) 자살의도의 부재

자살행동에서의 자해(자살시도)와 달리 비자살적 자해는 죽으려는 의도를 포함하지 않는다. 즉, 죽으려는 의도의 유무는 자살시도와 비자살적 자해 둘 사이를 구분하게 하는 가장 중요한 요소이다. 청소년의 비자살적 자해의 경우, 대부분 긴장이완을 목적으로 정서적 불안과 긴장 상태를 해소하기 위한 행동이며, 자해로 인한 고통은 정서적 고통을 감소시키고, 심리적 안정감을 주고자 할 뿐 삶을 끝내고자 하는 것은 아니다.

2) 직접성

비자살적 자해는 신체에 직접적인 위해를 가하는 것으로 간접적인 자기파괴적 행동과는 차이가 있다. 간접적인 자기파괴적 행동은 자해의도가 명확하지 않거나 치명성에 있어서도 알아차림이 뚜렷하지 않은 알코올 및 기타 물질 사용, 위험한 운전이나 무리한 운동 등을 포함하는 반면, 비자살적 자해는 직접적이고 즉각적으로 신체조직에 피가 나게 하는 등의 손상을 가하는 특성이 있다(Sansone, Wiederman, & Sansone, 1998).

3) 반복성

DSM-5 진단체계에 의하면 1년 중 5일 이상의 자해시도를 비자살적 자해로 진단함에 따라 반복성에 관한 기준을 제시한다. 비자살적 자해는 개인이 경험하는 정서적 고통을 감소시키고 긴장을 완화하지만, 근본적으로는 문제 해결에 도움이 되지 않기 때문에 한 번으로 끝나지 않고 반복되는 경향이 있다. 일상생활 과정에서 비자살적 자해를 유발하는 스트레스 상황에 놓이게 되는 경우, 부정적 정서 상태로 돌아가게 되며 대부분의 경우 한 가지 방법보다 여러 가지 방법을 사용하고 반복적인 자해 발생 가능성을 높이게 되어 악순환이 되는 특성이 있다(Haines & Williams, 1997; Gratz, Conrad, & Roemer, 2002).

6. 비자살적 자해(NSSI)의 원인 및 동기

비자살적 자해는 대부분 그 행동에 원인 및 동기를 가진다. 자해행동의 시작은 학습에 의해 시작되기도 하고 정신장애와 관련이 되기도 한다. 자해행동을 하는 동기와 이유로는 환경적 외부요인보다 우울, 분노, 외로움, 수치심, 죄책감 등 개인 내적인 부정정서를 다루기 위한 행동으로 보는 것이 일반적이다. 한편, 자해행동을 스트레스를 관리하기 위한 방법으로 이해하는 관점에서는 자해행동 이후 부정적 정서가 일시적이지만 실제로 완화된다는 것을 강조하기도 한다(한지혜, 2018; Klonsky, 2011; Laye-Gindhu, & Schonert-Reichl, 2005; Muehlenkamp & Gutierrez, 2004). 또한, 자해행동을 신체적 고통을 통해 자기처벌 및 자기혐오적 감정 표현이라고 보는 관점에서는 신체에 상처를 내는 행위가 고통스러운 기억을 차단하고 부절적한 정서를 조절하거나 완화하는 데 도움을 주고(Chapman, Gratz, & Brown, 2006; Gratz, 2001), 자기 통제감을 회복하며, 스스로의 존재를 확인하게 하는 기능을 하는 것으로 본다(Gulbas et al., 2015). 또는 자해행동을 하는 사람들이 우울, 불안, 외상 후 스트레스 장애 등을 광범위하게 경험하는 것으로 보고 있다(Klonsky, 2011). 경계선 성격장애 진단을 받은 임상집단에서 자해경험을 다수 보고하고 있으며 해리증상, 정신적 외상, 아동기 학대나 방임(Zlotnick, Mattia, & Zimmerman, 1996) 등을 경험한 임상집단에서는 해리증상을 감소시키거나 플래시백을 억제시키기 위해 자해행동을 한다고 보고하고 있다(Gratz, 2003).

위에 제시한 것처럼 자해행동에 대한 설명이 다양하기는 하지만 자해행동에 개입하는 경우 위기개입자가 명심해야 할 것은 자해행동을 정신장애로만 이해해서는 절대 안 되며, 개인의 정서상태 조절과 관리를 하기 위한 적절한 대처기술을 필요로 하는 수정 가능한 행동으로 이해해야 한다는 것이다.

비자살적 자해의 동기들로 전략적 대처, 감정조절, 감각추구, 통제감 획득, 자기처벌, 의사소통 등을 들 수 있다. 그러나 비자살적 자해는 한 가지 동기에 의해 할 수도 있지만 동시에 여러 가지 동기를 가지기도 하기 때문에 위기개입에서 평가를 할 때 주의 깊게 보아야 한다.

1) 학습효과

처음 비자살적 자해를 하게 되면, 어떤 측면에서든 긍정적이거나 부정적 강화를 받게 된다. 비자살적 자해를 통해 기분이 좋아지고 평정심을 되찾은 경우 보상행위로서 자해행동을 반복하게 되고, 스트레스가 해소된 느낌을 받은 경우에 그 느낌을 유지하게 되는 학습효과를 가지게 된다. 또는, 청소년들의 경우 자해행동을 함에 있어 SNS상이나 주위 친구들의 자해행동으로부터의 학습효과가 더 크게 나타나는 경향이 있다. 따라서 이러한 학습효과는 비자살적 자해를 시작하게 되는 큰 원인이 된다.

> 조○○(15세, 여)는 학교 성적으로 인한 스트레스로 평소 심한 압박감을 느끼고 있다. 같은 반 친구들이 카톡에 자신들의 손목에 커터칼로 그은 상처들을 올리는 것을 보고 처음에는 무시하거나 경멸하기도 하였다. 그런데, 성적 때문에 심한 잔소리를 들으면 화도 나고 자기자책감이 심해지면서 분노가 치밀어 오르는데 해결할 방법이 생각나지 않았다. 우연히 친구들의 자해하는 영상이나 사진을 보게 되었는데 혹시나 하는 마음에 시작한 비자살적 자해행동을 통해 그 순간 분노가 일시적으로 가라앉는 느낌을 받게 되었고, 그 이후 화가 나거나 자책감이 느껴질 때마다 자해를 반복할 수밖에 없었으며 중단할 수 있을 것 같지 않았다.

2) 전략적 대처의 방법

부정적인 상황에 직면하면 스트레스를 받게 되고, 이에 대한 대처 방법으로 비자살적 자해행동을 선택하게 된다. 특히, 부정적 정서에 압도되거나 피하고 싶을 때 적절한 대처전략이 부족한 청소년의 경우 직접적이고 즉각적인 효과를 나타내는 비자살적 자해행동을 선택하게 되는 경향이 많다.

> 정○○(24세, 남)은 어린 시절 부모님이 사고로 돌아가시고 조부모 밑에서 자랐다. 조부모님의 사랑을 받고 잘 자라왔으나, 자신의 감정들을 표현하지 못하고 요구하지 못하며, 모든 것을 참는 게 일상이 되어 버렸다. 그래서 모든 부정적 감정들로 인한 스트레스를 참는 것 외에는 아무런 대처방법이 없었다. 적절한 대처방법들을 생각해 본 적도, 배운 경험도 없는 ○○은 청소년기부터 손톱을 물어뜯는 행위를 시작하였으나 이후 피가 날 때까지 손톱을 뜯는 행

동을 멈출 수가 없게 되었다. 급기야 손톱에 염증이 생기기 시작하였고 치료를 해도 또 다시 손톱을 뜯어 피가 나게 하는 등 주위의 도움이 소용이 없게 되었다. 그로 인해 생활이 위축되고 스트레스 상황이 반복되어 손톱을 뜯거나 물어뜯지 않으면 불안해서 사회적 기능을 할 수 없는 지경에 이르게 되었다.

3) 감정조절의 방법

비자살적인 자해행동은 부정적인 감정이나 정서를 없애거나 감소시키기 위한 목적으로 스트레스에 압도되거나 주위환경에서 압박을 받는다는 느낌을 받을 때, 참기 힘든 감정에서 벗어나기 위한 수단으로 사용한다. 청소년의 비자살적 자해의 가장 일반적인 동기는 긴장이완과 부정적 정서를 회피하는 것이라고 할 수 있다(신미옥, 2015).

박○○(18세, 여)는 초등학교 6학년 때 왕따를 심하게 경험했는데, 그 상황을 벗어나고 싶고 모두가 자신을 사랑하지 않으며, 자신은 사랑받을 자격이 없는 존재로 생각하게 되었다. 그로 인해 외로움, 수치심, 우울함 등 부정적 정서를 느끼게 될 때 어떻게 해야 할지 모르겠고 그 상황에서 도망치고 싶은 마음 밖에 없었다. 그 때 우연히 샤프 끝으로 팔을 긁기 시작하였는데, 점점 그 강도가 세졌다. 그런데 피가 나고 나면 가슴속이 뭐라고 표현하기 힘든 답답함과 심리적 통증 같은 것이 어느 정도 해소가 되고 잠시나마 부정적 정서로 압도되는 상황에서 도망칠 수 있었다. 그러면서 커터칼로 손목을 긋게 되고, 그 상처들을 치료하지 않음으로써 그 상처의 통증을 즐기게 되었다. 하지만 그러한 통증에도 내성이 생기게 되었으며, 상처도 심해지게 되었지만 자신의 부정적 감정을 가라앉히는 데 다른 어떤 것보다 즉각적이기 때문에 반복적으로 하게 되었다.

4) 감각추구를 위한 방법

정신적 외상 혹은 자기정체감 부족으로 인해 때때로 무감각하여 감정을 느끼기 어려워지는 경우에 비자살적 자해를 함으로써 극단적인 자극을 경험하려고 한다. 이러한 행동을 통해 고통을 즐기고, 그 상처로 피가 나는 경우 무감각함에서 깨어나는 경험을 하게 되고 자신이 살아있음을 느끼는 것이다.

정○○(16세, 남)는 어린 시절 심각한 신체적 학대를 경험하면서 성장하였다. 또래들이 슬퍼할 때, 공감이 잘 가지 않고 눈물도 나지 않는다. 갑옷을 입은 느낌이고 그 어떤 감정적인 접촉도 되지 않는 느낌이다. 답답하지만 자신이 왜 그런지 잘 모른다. 무감각하고 사는 게 너무나 무력하다. 그 무력감이 ○○을 괴롭힌다. 어느 날 팔에 상처가 생겼는데, 그 상처를 뜯기 시작하여 상처가 덧나기 시작했다. 상처가 더 심해지고 부위도 넓어졌으나 치료도 받지 않으려 하고 그럴수록 더 딱지를 뜯는 데 집중하게 되었다. 상처에 난 딱지를 뜯고 피고름이 나면 많이 아팠지만 통증을 느껴야만 살아 있다는 느낌을 받았다. 가끔은 커터칼로 손목을 그으면서 피를 보게 되면 살아있는 것 같았고 시원한 느낌도 들었다. 그 이후 직접적으로 피를 보는 행동을 반복적으로 지속하게 되었다.

5) 통제감 획득을 위한 방법

자신이 처한 상황에서 자신이 할 수 있는 것이 아무 것도 없다고 인식하여 무력감과 자기자책감을 느끼는 경우에 비자살적 자해행동을 하게 된다. 비록 스트레스가 심한 상황에서 모든 것을 통제할 수 없다고 해도 자신의 신체는 통제할 수 있을 것이라 생각하기 때문에 자해를 통해 통제감을 획득하려 한다.

최○○(18세, 여)는 부모의 이혼으로 심적인 갈등이 매우 많다. 부모의 이혼이 자신 때문인 것 같아 괴롭지만 자신이 할 수 있는 것은 아무 것도 없다. 성적도 나쁘고, 친구도 없다. 친구가 없는 이유는 자신이 예쁘지도 않고 매력도 없어서라고 생각한다. 자신이 뭔가 노력해서 될 수 있는 것은 없다고 생각하면서 자신을 자책하고 마음대로 되는 것이 아무 것도 없다고 느낀다. 커터칼로 손목을 그었을 때 피가 나면 왠지 편안함을 느끼는 자신을 인식하기 시작했다. 아무 것도 내 스스로 해서 얻어지는 것이 없지만 내 신체는 통제할 수 있다는 생각이 든다. 커터칼로 자해를 하면서 통제감을 가지기 시작한 것이다.

6) 의사소통 방법

성장기에 자신의 감정을 적절하게 표현할 수 없었던 경우, 성인이 된 후에도 감정표현이 어려울 수 있으며 감정표현에 대한 권리가 없다고 생각하게 된다. 이런 경우 자신의 생각, 감정을 표현할 수 있는 적절한 방법을 알지 못하기 때문에 의사소통의 방법으로 비자살적 자해행동을 하게 된다.

이○○(28세, 남)는 엄하고 통제적인 부모 밑에서 성장하였다. 자신의 의견이나 생각, 감정 등을 한 번도 누군가에게 솔직하게 전달해 본 기억이 없다. 싫다고 말해본 적도 없고 늘 남의 의견에 동의하는 편이다. 자신의 의지대로 무엇인가를 선택해 본 기억도 없다. 청소년기에도 친구들과 싸운 적이 한 번도 없어 착하다는 이야기를 많이 들었다. 그것이 좋은 것이고 그래야 한다고 생각했다. 그러나 사회생활을 하면서 자신의 생각이나 의견을 표현하지 못하고 선택을 하는 데 문제가 있다는 인식을 가지게 되었다. 자신의 의견을 내고 싶거나 감정을 표현하고 싶을 때 뭔가 답답해지면 자신의 팔뚝을 꼬집어 뜯기 시작했는데 점점 더 심해지게 되었고, 그 부분에 멍이 심하게 들고 상처가 없어지지 않았다. 요즘에도 회사생활에서 화가 나거나 답답할 때 아무것도 생각나지 않고 팔뚝에 손이 간다.

7) 자기처벌의 방법

가족으로부터 비난을 받거나 지지받지 못한 경우, 스스로 가치 없는 사람이라고 여기게 되고 죄책감이나 수치심을 느끼게 된다. 결과가 좋지 못한 상황에서 이러한 사람들은 그 원인을 자신에게서 찾고 자기를 비난하게 되며 무가치함을 느끼고 스스로를 처벌하려고 한다. 자신의 신체에 위해를 가함으로써 자신을 벌하고 있다는 안도감을 일시적으로 가지게 된다.

박○○(16세, 여)는 조부모·부모에게 많은 관심과 사랑을 받지 못하였고, 자기의견을 말하거나 뭔가 특별한 행동을 하는 경우 부모에게 무수한 비난을 받아야 했다. 부모가 이혼한 후에 엄마와 살게 되면서 방치되기도 하고 엄마에게 맞으면서 성장했다. 이러한 경험을 하면서 자기가 사랑받을 자격이 없고 쓸모없는 것처럼 느껴지며 무기력하고 자존감이 매우 낮아지게 되었다. 어떤 상황에서든 문제가 생기면 무조건 자신이 잘못한 것처럼 느껴지고 수치심을 느끼며 심한 자책을 하게 되었다. 최근 학교에서 억울하게 폭력사건에 휘말리게 되어 부모님이 학교에 오게 되면서 학교차원의 징벌과 엄마로부터 무수한 원망과 비난을 받게 되었는데, 이후 ○○은 이 모든 것을 자기문제로 돌리고 손목을 긋는 자해행동을 반복하게 되었다. 자살생각이 있는 것은 아니지만 자신을 처벌한다는 의미로 자신을 해치는 행동을 반복하게 되었다.

8) 정신의학적 상태

자해는 해리, 감정표현 불능증(alexithymia), 정신적 외상(Zlotnick, Mattia & Zimmerman, 1996), 섭식장애, 우울장애, 불안장애, 물질남용, 외상 후 스트레스

장애(PTSD), 경계선 성격장애(Jacobson & Gould, 2007; Klonsky & Muehlenkamp, 2007) 등의 정신과적 장애와 관련되는 것으로 알려져 있다. 이러한 정신장애나 성격장애에서 나타나는 자해는 비자살적 자해에 포함시키지는 않지만 자해행동의 원인이 되고 비슷한 양상을 보이기 때문에 위기개입자는 이에 대한 구별을 명확히 할 수 있어야 한다.

정○○(34세, 여)은 경계선 성격장애로 장기간 정신과 치료를 하고 있는 상태이다. ○○은 대인관계에서 문제가 있어 스트레스를 심하게 받는 편이다. 누군가 자신에게 섭섭하게 하거나 사실은 그렇지 않은데도 혼자 오해하게 되면 자신을 버릴 것이라는 극도의 불안과 분노로 자신을 통제하지 못해 손목을 칼로 긋는 자해행동을 심하게 한다. 자살의도가 있지는 않지만 극단적인 자해를 하게 되며 감정조절이 힘든 경우가 많다. 또한, 그런 자해를 함으로써 주위의 시선과 관심을 받으려 한다. 성격적 장애로 인해 매우 극단적인 분노상태가 되면 충동적으로 자해를 하곤 해서 심각한 자상을 입기도 한다.

위기관리총서 시리즈 9

Ⅱ

비자살적 자해의 이해와 개입

비자살적 자해의 위기관리: 평가, 분류, 개입

위기관리총서 시리즈 9

Ⅱ

비자살적 자해의 이해와 개입

비자살적 자해의 위기관리: 평가, 분류, 개입

비자살적 자해를 하는 사람들을 위한 위기개입에서 우선되어야 할 것은 자해와 관련된 위험성 수준의 평가이다. 위험성 평가는 면담을 통해 비자살적 자해와 관련한 질문을 하는 직접적 평가방법과, 척도를 사용하는 간접적 평가방법으로 나눌 수 있다. 자세하고 정확한 평가를 위해서는 이 두 가지 모두를 사용하고 이를 바탕으로 적절하고 효과적인 개입전략을 수립하여야 한다. 그러나 현장에서 긴박한 위기상황에서의 개입은 이러한 자세한 검사나 많은 질문들을 할 수 없는 경우가 대부분이기 때문에 최대한 결정적 질문을 통한 위험성 수준 평가와 분류로 즉각적인 개입이 이루어지도록 해야 한다. 이를 위해서 위기개입자들은 다음과 같은 위험성 수준의 평가와 분류, 개입에 관한 자세한 내용을 숙지하고 현장에서 적절히 활용할 수 있어야 한다.

1. 비자살적 자해의 위험성 평가

위기개입자가 비자살적 자해의 위험성을 평가하는 영역은 매우 다양하다. 위험성 평가 방법에는 면담을 통해 실시하는 직접적 평가방법과 척도 혹은 반구조화된 면담지를 사용하여 실시하는 간접적 평가방법이 있다. 우선 직접적 평가는 비자살적 자해의 과거력(history), 맥락(context), 기능(function), 자살경향성(suicidality), 비자살적 자해를 일으키는 위험요인 및 보호요인 그 외 18가지 평가항목 등을 포함하여 평가할 수 있다.

1) 비자살적 자해의 과거력(history)

비자살적 자해의 위험성 평가에서는 비자살적 자해행동의 과거력을 철저히 탐색하는 것이 매우 중요하다. 비자살적 자해의 과거력에는 비자살적 자해를 하는 방법(긋기, 화상, 때리기, 상처 내기 등), 시작 연령, 최근 마지막 시도, 전 생애와 최근 빈도, 의학적 치명성(출혈 범위, 멍, 타박상, 의학적 혹은 응급적 개입 정도), 상처가 난 부위(팔, 어깨, 허벅지, 배 등), 자해행동을 하는 동안의 시간, 상처의 수 등을 포함한다. 비자살적 자해에 대한 평가를 할 때 '전형적으로 했던' 방법과 '최근' 및 '가장 심각했던' 삽화에 대해 조사하는 것이 유용하다.

또한, 비자살적 자해행동의 충동성에 대한 평가도 도움이 된다. 특히, 자해 빈도에 대한 정보, 자해의 충동을 얼마나 통제할 수 있는가, 자해충동 후 비자살적 자해행동 사이의 통상적인 시간적 간격이 어느 정도인지에 대한 정보를 얻는 것이 중요하다. 어떤 사람들은 자해충동과 비자살적 자해행동 사이의 간격이 즉시인 경우도 있고, 어떤 사람들은 몇 시간 후인 경우가 있다(Klosky & Olino, 2008). 이와 같이 자해충동과 자해행동 사이의 간격에 대한 평가는 위기개입 계획에 매우 유용한데, 두 행동 사이의 간격이 길수록 비자살적 자해행동을 피하거나 막을 기회가 더 생기게 되기 때문이다(Klosky & Olino, 2008).

마지막으로, 어떤 도구(칼, 면도칼, 가위 등)가 자해에 쓰였는지 그리고 도구에 대한 접근성이 어떠했는가에 대한 평가도 중요하다. 어떤 사람들은 같은 도구를 매번 반복해서 쓰기도 하지만, 어떤 사람들은 어떤 도구이건 가장 접근이 용이한 것을 쓰기도 한다. 이러한 점을 염두에 두고 위기개입 시 이전의 자해행동에서 도구의 접근성과 제한을 어떻게 하였는지를 동시에 평가해야 한다.

2) 맥락적 요인들

맥락적 요인들은 비자살적 자해를 평가하는 데 있어서 매우 중요한 요인이다. 맥락적 요인에는 환경적 요인, 인지적 요인, 정서적 요인, 유전과 관련한 생리학적 요인, 그리고 비자살적 자해를 지속하게 하는 요인 등을 포함한다.

(1) 환경적 요인

환경적 요인은 비자살적 자해를 촉발하게 하고 유지하게 하는 중요한 역할을 한다. 예를 들어, 비자살적 자해는 가족 구성원 혹은 또래 간의 불화 등과 같은 관계 스트레스, 학교에서 낮은 점수를 받는 것 등과 같은 다양한 생활 스트레스 사건과 밀접한 연관이 있다. 그리고 일반적으로 가장 친한 친구나 가족에게도 비자살적 자해행동을 숨기거나 비밀에 붙이기도 한다. 이러한 비자살적 자해의 사회적 맥락을 이해함에 있어 특히 청소년의 경우, 일상에서 널리 영향을 끼치고 있는 인터넷 및 SNS 등과 관련된 구체적인 내용과 특성 등을 이해하고 있는 것이 위기개입에 있어서 매우 중요하다(Whitlock et al., 2006).

(2) 인지적 요인

비자살적 자해행동에 선행되는 혹은 후에 따라오는 인지적 생각들을 평가하는 것이 중요하다. 이러한 인지적 생각들은 왜 비자살적 자해를 시작했는지 혹은 지속하는지 이해하는 데 도움을 주고 위기개입이 필요한 부분을 평가할 수 있게 한다. “난 이런 고통을 받아도 돼요.” 혹은 “손목을 긋는 건 그 어떤 것보다 내 고통을 덜어줘요.", "그가 나를 떠나려고 하는데…. 손목을 긋는 것 따위가 뭐 대수겠어요?", "난 어차피 혼자예요, 내 주위엔 아무도 없어요." 등의 인지적 상태를 확인할 필요가 있다. 일반적으로 이러한 생각들을 반추하고 그 생각들에 매몰되어 부정적인 감정이 증폭될 때 비자살적 자해를 하게 될 확률이 높아지기 때문이다(Selby, Anestis & Joiner, 2008; Walsh, 2006).

(3) 정서적 요인

비자살적 자해행동을 하기 전, 하는 동안, 하고 난 이후에 경험하는 감정들을 평가할 필요가 있다. 극렬한 부정적 감정은 비자살적 자해를 하는 가장 큰 원인이며, 비자살적 자해행동 이후 이러한 정서들이 일시적으로 완화된다는 충분한 증거들이 너무나 많이 있다(Klonsky, 2007). 이러한 연구결과들은 비자살적 자해로부터 정서적 '이득(benefit)'을 경험한 사람들은 매우 자주 비자살적 자해를 하는 경향이 있다고 주장한다(Klonsky, 2009). 따라서 비자살적 자해에 선행되는 감정을 평가하는 것이 매우 중요한데, 자해행동에 선행하는 정서에는 분노(자신에게 직접 혹은 타인에게), 불안, 스트레스로 인한 압박감, 슬픔, 좌절감, 수치심, 공허감, 절망감 그리고 외로움 등이 일반적이고 비자살적 자해를 하고 난 이후에는 안도, 평온, 만족 등을 나타낸다. 그러나 비자살적 자해 이후에도 수치심과 죄책감은 여전히 나타나는 것으로 보고하는 연구결과들도 많이 있다.

마지막으로 어떤 사람들은 비자살적 자해 이전 혹은 이후에 자살생각을 하게 되는 경우도 있기 때문에, 위기개입자는 비자살적 자해 삽화와 자살생각의 관계를 반드시 탐색해야 한다.

(4) 생물학적 요인

비자살적 자해행동의 위험성 평가에서 생물학적 요인 또한 평가해야 할 요인이다. 알코올, 약물, 마리화나와 같은 물질사용은 비자살적 자해에 대한 충동성을 증폭시킬 수 있고, 의학적 심각성을 악화시킬 수 있는 통증을 일부 완화시키기 때문에 개입이 늦어질 수 있다. 다른 생물학적 요인으로는 수면

장애, 피로, 질병, 갑상선 이상, 그리고 월경증후군 등을 포함하는데, 이 모든 요인들은 스트레스의 취약성을 증가시켜 비자살적 자해를 하게 되는 원인이 될 수 있기 때문에 반드시 탐색해 보아야 한다.

3) 기능적 요인

비자살적 자해의 모든 위험성 평가에서 비자살적 자해행동의 기능(동기, 원인)을 평가해야 한다. 비자살적 자해행동의 정확한 기능평가가 되어야만 적절하고 효과적인 비자살적 자해 위기개입 전략을 수립할 수 있다. 일반적으로 비자살적 자해의 기능은 크게 개인 내적/자동적인 요인과 대인관계/사회적인 요인 두 가지로 구분할 수 있다(Klonsky & Glenn, 2008; Nock & Prinstein, 2004, 2005).

(1) 개인 내적/자동적 요인

개인 내적요인은 자기감정 조절과 같은 자기초점(self-focused)에 의해 강화된다. 가장 일반적인 개인 내적 요인은 감정조절이다. 예를 들면 "자해는 내 안에 쌓여가는 감정적 압박감을 완화하고, 평온하게 해주기도 하고 가라앉혀 주기도 해요."라고 한다는 것이다. 다른 개인 내적 요인은 자기처벌인데, 이는 자기 자신에게 직접적으로 분노를 나타내는 것이다. 예를 들면 "난 벌 받는 게 당연해. 이렇게 만든 건 다 내 탓이야."와 같이 지각한다.

이러한 자동적인 사고방식에 의해 비자살적 자해행동을 하게 된다. 또 다른 일반적 기능은 탈분리(antidissociation, 탈개인화 시간을 방해함, 비현실적 혹은 무감각한 감정과 같은 탈분리), 그리고 반자살생각(antisuicide, 자살생각을 피하거나 대처) 등이다.

(2) 대인관계/사회적 요인

대인관계 요인은 자신에게 의미 있는 사람에게 관심을 받으려는 의도 혹은 친구에게 인정받으려는 것과 같은, 타인에 의해 강화를 받는 것이다. 일반적으로 비자살적 자해행동에 있어 대인관계/사회적 기능은 개인 내적 기능보다는 덜 작동하는 경향이 있다. 좀 더 보편적인 사회적 기능은 대인관계에 영향을 미치려 하는 것이고(타인 행동을 형성), 또래와의 연대감을 가지려 하며(친구와의 애착을 발전 혹은 강화), 자율성을 가지려 하는 것이다(다른 사람으로부터 독립을 주장). 이러한 대인관계로 인해 사회적으로 거절당하는 경험을 하게 되었을 때 비자살적 자해 행동을 하게 된다.

(3) **자해행동 질문**(Self-Injury Behavior Survey)

비자살적 자해의 동기를 찾는 데 도움을 줄 수 있는 질문들이 있다. 비자살적 자해는 무엇보다 동기와 기능을 탐색하는 것이 우선되어야 적절하고 효과적인 개입을 하는 데 도움이 된다. 다음은 기능을 평가할 때 필요한 구체적 질문들이다. 이 모든 질문들을 한꺼번에 하는 것이 아니고, 면담을 통해 자해의 위기에 처한 대상자의 이야기를 들어보고 적절한 질문들을 던져보아야 한다.

- 자신의 고통을 덜어주기 위해서인가?
- 자신의 실수를 속죄하기 위해서인가?
- 자살로 죽지 않기 위해서인가?
- 주위의 관심을 끌기 위해서인가?
- 자신의 감정적인 고통을 육체적인 고통으로 바꾸기 위해서인가?
- 자신의 감정에 대처하기 위해서인가?
- 지루함을 다루기 위해서인가?
- 친구가 기분이 나아진다고 해서 하는 것인가?
- 다른 사람들이 자신에게 관심을 갖도록 하거나 유도하기 위해서인가?
- 감정을 육체적으로 표현하기 위해서인가?
- 부정적인 상황으로부터 안도감을 느끼기 위해서인가?
- 자신의 충동을 관철시키기 위해서인가?
- 생각하고 싶지 않은 것들을 잊기 위해서인가?
- 자신의 몸을 통제하기 위해서인가?

- 자신의 부정적인 감정을 없애기 위해서인가?
- 자기 자신의 문제를 무시하기 위해서인가?
- 자신의 무감각함을 풀어주기 위해서인가?
- 자신의 목소리를 듣기 위해서인가?
- 우울하지 않고 행복한 삶을 살기 위해서인가?
- 더 큰 방법으로 자기 자신을 다치게 하지 않도록 하기 위해서인가?
- 자신의 좌절감을 다스리기 위해서인가?
- 자신의 슬픔을 극복하기 위해서인가?
- 자기 자신을 벌하기 위해서인가?
- 부끄러움에 대한 자신의 생각을 잠재우기 위해서인가?
- 무기력하고 쳐진 기운을 되찾기 위해서인가?
- 긴장을 풀기 위해서인가?
- 스트레스를 풀기 위해서인가?
- 의견 불일치를 해결하기 위해서인가?
- 자신이 느끼는 공허함을 없애기 위해서인가?
- 주의를 돌리기 위해서인가?
- 사람들을 놀라게 하기 위해서인가?
- 자신이 얼마나 자기 자신을 미워하는지 보여주기 위해서인가?
- 자기 자신의 분노를 억누르기 위해서인가?
- 자기 자신이 끔찍한 생각들에 연연하는 것을 멈추기 위해서인가?
- 다른 사람들을 걱정하게 하기 위해서인가?
- 다른 이유 :

출처: Suicide & Self-Injury Prevention Workbook: A Clinician's Guide to Assist Adult Clients와 Teen Suicide & Self-Harm Prevention Workbook: A Clinician's Guide to Assist Teen Clients, Self-Injury Behavior Survey(2019).

4) 자살경향성(suicidality)

비자살적 자해와 자살행동은 자살의도와 치명성으로 뚜렷이 구별되지만, 두 행동이 서로 무관하지는 않다. 비자살적 자해는 자살경향성(suicidality)과 상관관계가 높고(Klonsky & Olino, 2008), 자기 자신이 자초한 폭력(self-inflicted violence)의 습관성에 기여하며, 어떤 연구에서는 추후 자살시도의 기회를 제공한다고 주장하고 있다(Nock et al., 2006). 따라서 자살위험성 평가는 비자살적 자해의 평가에서 그 어느 요인을 평가하는 것보다 중요하다.

구체적인 평가방법으로는 비자살적 자해 삽화와 함께 자살생각의 정도를 평가하는 것과 자살성이 증가하는 것에 관련된 비자살적 자해의 관점을 평가하는 것이다. 이러한 평가에는 비자살적 자해의 장기적인 과거력, 비자살적 자해의 방법, 비자살적 자해를 할 때 통증의 내성 정도 등이 포함된다(Nock et al., 2006). 또한, 친구 혹은 타인 앞에서 자주 자해를 하는지 혼자 있을 때 자해를 하는지에 대한 탐색도 중요한데, 이는 아무도 모르게 자해행동을 하는 것이 자살행동을 할 위험성이 더 높기 때문이다(Glenn & Klonsky, 2009).

5) 위험요인

비자살적 자해의 위험성을 평가할 때, 비자살적 자해 행동을 하게 하는 다음과 같은 위험요인들에 대한 이해와 탐색이 필요하다. 위에서 언급한 핵심적 질문들과 위험요인들의 탐색은 비자살적 자해행동의 위험성 수준을 분류할 때 통합적으로 평가되어야 한다.

(1) 불안정한 양육환경

아동기의 불안정한 양육환경은 비자살적 자해의 위험요인으로 알려져 있다. 만성적인 아동학대 및 방임(가정폭력, 성폭력, 정서적 방치 및 학대, 언어폭력, 부모의 알코올 중독 등), 신체적 외상(심각한 질병, 외과적 수술 등), 상실 경험(부모의 이혼·사망 등) 등과 같은 아동기 외상이 비자살적 자해에 큰 영향을 줄 수 있다. 신체적·성적학대 혹은 정서적 방임 및 학대 등의 외상경험은 아동과 주양육자 사이에 안정적인 관계를 맺지 못하는 비수용적 양육환경을 만들어 비자살적 자해에 강력한 영향을 미치게 된다. 특히, 정서적으로 냉정하거나 비난을 많이 하는 양육자의 경우 아동 역시 이와 유사한 태도를 학습할 가능성이 높은데, 이는 아동으로 하여금 비자살적 자해의 위험이 높은 부적응적 완벽주의적인 성향이나 자기비난적인 태도를 갖게 하는 결과를 가져온다(Linehan, 1993). 정신과 입원환자들을 대상으로 성인 애착유형, 대인관계, 비자살적 자해 간의 관계를 살펴본 스텝(Stepp) 등(2008)의 연구에서는 불안정한 애착을 형성한 개인은 대인관계, 특히 타인의 거절 행동에 민감하여 상처받기 쉽고, 자기주장을 잘하지 못할 뿐만 아니라 적절한 사회적 기술을 습득하지 못하여 자신의 심리적 어려움을 표현하기 위해 비자살적 자해라는 부적응적인 방식을 택할 확률이 높다는 것을 발견하였다. 번스타인(Bernstein) 등(2003)의 연구에서도 아동기 학대 혹은 방치 경험은 청소년기 비자살적 자해와 상관관계가 높다고 설명하고 있다.

(2) 정서조절의 어려움

샐로베이와 메이어(Salovey & Mayer, 1989)는 정서조절이란 자신이 타인의 정서를 적절히 인식하고 스스로 긍정적 정서 상태를 유지하도록 도와주는 능력으로 정의하고, 개인의 정서적 적응력을 높여주는 것으로 보았다. 수많은 선행연구에서 정서조절의 어려움이 비자살적 자해행동에 강력한 영향을 미친다는 것이 증명되었다. 비자살적 자해행동을 한 여중생들이 대상이었던 연구에서는 비자살적 자해행동을 한 청소년이 그렇지 않은 청소년에 비해 우울과 스트레스 수준이 높다는 것을 확인하였다(이동귀, 함경애, 배병훈, 2016). 비임상 대학생을 대상으로 비자살적 자해에 미치는 심리적 기제를 살펴본 연구에서는 부모의 방임·과보호, 통제적 양육 등의 아동기 정서적 학대 경험과 정서강도가 부적응적 인지·정서조절을 매개로 우울, 불안 등의 부정적 정서에 직접적인 영향을 미치며 비자살적 자해를 하는 경향성을 높인다고 설명한다(구훈정, 조현주, 이종선, 2014). 즉, 불안정한 양육환경 등의 아동기 외상경험은 정서를 적절히 조절하거나 적응적인 방식으로 표현하는 능력을 충분히 학습하지 못하게 하여 부적응적 정서를 표현하는 방식인 비자살적 자해를 하게 되는 것이다. 특히, 분노나 불안과 같이 신체적인 각성이 뒤따르는 부정적 정서는 비자살적 자해의 빈도에도 유의미한 영향을 미치는 것으로 밝혀졌다. 권혁진(2014)은 분노를 자주 경험하거나 분노의 수준이 높을수록 자해의 빈도가 높은 반면, 우울을 포함한 부정적 정서를 경험하는 경우에는 불안을 완화시키기 위한 경도 수준의 비자살적 자해를 더 자주 시도하게 하는 것으로 보았다.

(3) 부정적 자아상/자기비하

로즈와 히스(Ross & Heath, 2002)에 따르면, 비자살적 자해를 하는 청소년들은 그렇지 않은 청소년들에 비해 스스로 무가치하다고 지각하거나 자신의 신체에 대해 불만족을 경험할 확률이 더 높은 것으로 나타났다. 자신의 신체에 대한 인식은 자아상과 밀접한 연관이 있기 때문에 신체에 대한 불만족은 왜곡된 자아상으로 연결된다. 이처럼 자신에 대해 부정적으로 인식하는 청소년의 경우 우울, 수치심 등과 같은 내면화 문제와 더불어 자살시도의 위험과도 관련되는 것으로 밝혀졌다(권순용, 2008). 비자살적 자해는 자기를 확인하는 부적응적인 방법으로 이해할 수 있는데(Sutton, 2007), 비자살적 자해가 보다 치명적인 자살시도 혹은 자신을 향한 공격성 표출을 하는 과정에서 자기통제감을 좀 더 얻을 수 있다는 것이다(Erin & Miriam, 2009).

클론스키와 뮬란캠프(Klonsky & Muehlenkamp, 2007)의 연구에 따르면 비자살적 자해를 하는 사람들이 '살아있음을 느끼기 위해', 혹은 '지루함 때문에' 비자살적 자해를 선택했다고 설명하는데, 이는 비자살적 자해가 감각추구 성향과도 관련되어 있음을 보여준다. 감각추구 성향이 높은 사람일수록 자신의 존재를 확인하고 감각적으로 만족하기 위해 비자살적 자해를 선택하게 되는 것이다. 결국 이는 부정적인 자아상과도 관련된다고 볼 수 있다. 이 외에도 비자살적 자해는 낮은 자기효능감(Fliege et al., 2009), 높은 수준의 자기비판(Fliege et al., 2009; Klonsky, 2007), 부정적인 자기평가(Laye-Gindhu & Schonert-Reichl, 2005), 자기를 향한 분노(Klonsky, 2009), 자기처벌과 자기혐오(Zila & Kiselica, 2001; Fliege et al., 2009) 등 자신에 대한 부정적 인식과 강한 상관이 있는 것으로 나타났다. 리네한(Linehan, 1993)은 비자살적 자해가 벌을 받아 마땅한 자신에게 스스로 아픔을 주는 자기처벌적인 기능을 지니고 있다고 제안하였다. 이러한 자기비판적인 태도는 불안정하고 부적응적인 대인관계에도 영향을 미치므로 비자살적 자해의 핵심적인 위험요인이라고 볼 수 있다(Glassman et al., 2007).

(4) 정신의학적 상태

청소년기의 비자살적 자해는 자해행동을 하는 과정에 촉발요인, 동기, 공존장애와 같은 문제가 포함되는 복잡하고 복합적인 구조로 이루어져 있다. 비자살적 자해는 조기발견 및 빠른 개입이 이루어지지 못할 경우 문제가 더욱 악화되고 우울증 및 불안 장애 등을 동반하기 쉽다(Hasking et al., 2008). 권혁진(2014)의 연구에 따르면, 비자살적 자해를 하는 많은 청소년들이 분노조절에서 어려움을 겪고 있으며, 불안보다는 분노가 비자살적 자해의 빈도에 더 많은 영향을 미친다고 하였다. 또한 비자살적 자해는 해리, 섭식장애, 감정표현 불능증(alexithymia), 정신적 외상(Zlotnick, Mattia, & Zimmerman, 1996), 우울장애, 불안장애, 물질남용, 외상후 스트레스 장애(PTSD), 경계선 성격장애(Jacobson & Gould, 2007; Klonsky & Muehlenkamp, 2007) 등과 관련되는 것으로 알려져 있다. 특히, 섭식장애는 비자살적 자해와 여러 위험요인을 공유하는 대표적인 장애로서, 학대경험(Muehlenkamp et al., 2010), 강박성 장애(Glenn & Klonsky, 2010), 우울증(Svirko & Hawton, 2007), 정서조절의 어려움(Muehlenkamp et. al., 2009) 등이 공통적으로 나타난다.

마지막으로, 비자살적 자해와 연관된 가장 치명적인 정신의학적 증상은 자살행동이다. 연구에 따르면 자살을 시도한 사람의 40~60%가 비자살적 자해 경험이 있다고 보고한 것으로 나타났다(Hawton, Zahl, & Weatherall, 2003).

(5) 심리사회적 요인

비자살적 자해의 위험요인 중 몇 가지 공통적으로 설명되고 있는 요인들로는 과거 자해 시도력, 어린 나이, 15세 이전의 성경험, 동성애적 관심 등을 들 수 있다(Wichstrom, 2009). 더불어 최근의 의미 있는 상실 혹은 거절당한 경험, 독거, 사회적 지원의 부족, 가족 간 갈등, 가족의 자살이나 자해시도, 가족 간의 소통 부재, 대중 매체를 통한 자해의 노출, 학업적응의 실패, 법적 문제와 연루되는 것, 성 정체성의 혼란, 학대 경험, 집단 괴롭힘 등과 같은 요인들이 비자살적 자해에 영향을 미치는 것으로 알려져 있다(Peterson, Freedenthal, & Coles, 2010). 가족 내 요인 중에 부모에게서 비난의 말을 자주 듣거나, 다양한 생활사건으로 인해 부모와의 사별 혹은 이혼 등으로 분리를 경험한 경우 자해행동이 증가하는 것으로 나타났다(Jacobson & Gould, 2007; Wedig & Nock, 2007). 그렌클로(Grenklo) 등(2014)의 연구에 따르면, 암으로 인해 부모를 상실한 청소년들이 가족 내 결속이 약하면 비자살적 자해의 위험이 더 높은 것으로 나타났다.

6) 보호요인

비자살적 자해의 위험성 평가에 있어서 위험요인에 대한 탐색과 함께 보호요인들을 확인하는 것이 위기개입에서 더 적절하고 효과적인 개입을 하는데 필요하다. 최근 연구에서는 비자살적 자해 행동을 지연하거나 저지하도록 하는 보호요인에 대한 관심과 필요성이 증가하고 있는 추세이다. 위험요인도 물론 중요하지만 보호요인을 찾고 긍정적인 면을 부각시키는 것이 더 효과적인 것으로 인식되어지고 있기 때문이다. 상처에 대한 지각, 삶의 목표, 자기의 회복, 사회적지지 등의 보호요인에 대한 구체적 설명은 다음과 같다.

(1) 상처에 대한 지각

자해의 보호요인인 상처에 대한 지각은 비자살적 자해로 인해 신체에 영구적인 흉터가 남는 것, 혹은 비자살적 자해로 인한 신체적 손상을 건강하지 못한 상태인 것을 스스로 인식하게 되는 것을 의미한다. 즉, 비자살적 자해를 건강하지 못한 행위로 인식하는 것이 비자살적 자해를 감소시키거나 중단하는데 도움이 된다는 것이다. 다시 말해서 자해로 인해 신체에 영구적인 상처가 남는 것에 대한 자기인식을 돕는 것은 비자살적 자해를 감소시키거나 중단하도록 하는 과정에 중요하게 작용한다는 것이다(Deliberto, Nock, 2008). 비자살적 자해를 중단한 대학생들을 대상으로 비자살적 자해의 회복요인에 대해 살펴본 또 다른 연구에서도 치명적인 신체적 손상에 대한 스스로의 인식이 비자살적 자해를 중단하게 하는 데 중요한 동기가 되는 것으로 밝혀졌다(Buser, Pitchko, & Buser, 2014). 연구 참여자들은 상처에 대한 심각성을 인식함에 따라 스스로 변화의 필요성을 느끼게 되었다고 보고하였다.

이 과정에서 의료적 처치를 필요로 하는 수준의 심각한 상처, 제대로 치료받지 못한 상처의 감염으로 인해 야기된 합병증, 영구적인 흉터 등이 상처에 대한 새로운 인식을 스스로 가지도록 하는 것에 효과적인 것으로 나타났다.

(2) 삶의 목표

자신의 삶에 대해 보다 뚜렷한 희망과 목표가 있고, 이에 따라 적극적으로 살아가고자 하는 의지는 비자살적 자해의 회복요인(resilience factor)이 될 수 있다. 쇼(Shaw, 2006)의 연구에 따르면, 자해를 하는 연구 참여자들은 미래 지향적인 관점으로 변화되는 과정을 통해 점차 비자살적 자해를 중단하게 되었다고 하였다. 이들이 보고한 관점의 변화는 학업 및 직업적인 구체적 목표를 세우고 자신의 현재 행동이 자신의 미래에 끼칠 영향을 깊게 숙고해 보는 것 등을 포함하였다. 또 다른 연구에서는 비자살적 자해를 중단한 12명의 대상자들과의 면담을 통해 비자살적 자해의 중단에 이르는 과정을 설명하고 있는데, 안전한 치료적 관계의 연결 및 비자살적 자해를 제한할 수 있는 환경, 자아 존중감의 향상, 자신을 이해하고 용서하며 수용하기, 자율성의 획득, 대안적 전략학습 등이 자해의 중단 요인으로 나타났다(Kool, van Meijel, & Bosman, 2009).

특히, 참여자들은 각자 자신의 삶에 대해 주체적이고 독립적인 의사결정을 시도하였으며 갈등을 해결하려는 과정에서도 보다 직접적인 감정 표현을 하려 하였고, 신체 운동, 창의적 활동 등으로 스트레스를 해소하려 하였으며, 타인들과의 사회적 교류 등 이전과는 다른 문제해결 방식들을 적극적으로 활용하였다. 이처럼 삶의 목표는 자신의 삶에 대한 적극적인 태도를 이끌어 내고, 결과적으로는 삶의 만족도와도 연결된다. 로톨론과 마틴(Rotolone & Martin, 2012)의 연구에 따르면 비자살적 자해를 중단한 집단이 그렇지 않은 집단에 비해 삶의 만족도가 유의미하게 높은 것으로 밝혀졌고, 자신의 삶에 대해 보다 자율적인 선택과 환경의 변화를 더욱 적극적으로 주도하는 것으로 보고하였다.

(3) 자기의 회복

자기수용적인 태도는 자신에 대한 연민과 긍정적인 태도로 연결되며 최종적으로는 자기의 회복이라는 결과를 낳게 된다. 쇼(Shaw, 2006)는 이를 자기주도성(self-initiative)이라는 개념으로 설명하였는데, 이는 자신에 대한 심리적 이해, 통찰, 지식의 습득을 통해 스스로 비자살적 자해의 촉발 요인을 이해하고, 자신의 신체·심리적 안녕에 보다 관심을 기울이는 것이다. 이러한 과정은 결국 심리적 고통에 대한 적응적인 대처행동이나 도움요청 행동 등을 포함하는 다양한 형태의 자기돌봄 행동을 이끌어낸다. 따라서 로톨론과 마틴(Rotolone & Martin, 2012)은 비자살적 자해의 중단을 돕기 위해서는 자아 존중감 및 회복탄력성을 강화하는 것이 중요하다고 보았고, 비자살적 자해를 시도하는 사람들이 주변 사람들로부터 온전히 자신을 이해받는 경험을 함으로써 자기에 대한 인식과 수용을 새로이 정립하는 과정이 반드시 필요하다고 하였다. 쿨, 반 메이젤과 보스만(Kool, van Meijel & Bosman, 2009) 역시 비자살적 자해의 중단에 있어 자아 존중감이 중요한 요소임을 제안하였는데, 연구 참여자들은 자아 존중감의 향상을 통해 자신의 강점 및 재능을 찾게 되었고, 이는 결과적으로 긍정적인 자아상을 확립하는 데 도움이 되었다.

이처럼 건강한 자아상의 회복은 자신들의 심리적 고통에 대한 대처방식으로 비자살적 자해가 아닌 보다 적응적이고 건강한 행동을 선택하도록 한다.

(4) 사회적 지지

사회적 관계의 질이 비자살적 자해에 영향을 미치는 요인으로 나타났다. 비자살적 자해를 중단한 106명의 대학생들을 대상으로 비자살적 자해 중단에 대한 사회적 및 개인적 요인을 살펴본 연구에 따르면, 사회적 지지와 사회적 관계의 연결이 자해의 중단에 도움을 준 것으로 나타났다(Rotolone & Martin, 2012). 특히, 타인을 실망시키지 않으려는 마음(Shaw, 2006), 타인으로부터 긍정적 피드백을 들음(Deliberto & Nock, 2008), 교정적인 대인관계의 영향(Buser, Pitchko & Buser, 2014) 등이 비자살적 자해의 중단에 강력하게 작용하는 주요 요인으로 밝혀졌다.

따라서 안전한 사회적 관계망에 소속되어 타인에게 수용 받고, 소속감을 경험하며, 사람들과 서로의 경험에 대해 나눔으로써 스스로에 대한 통제감과 긍정적 정서를 경험하고, 나아가 비자살적 자해로부터 회복되는 변화를 경험하게 하는 것이 자해 중단에 도움이 될 수 있다.

7) 그 외 비자살적 자해의 평가 항목

비자살적 자해행동을 한 사람에게 다음과 같은 항목을 구체적으로 평가함으로써 위험성 평가를 하는 데 도움이 될 수 있다.

- 환경적 선행사건: 비자살적 자해의 환경적 선행사건이 무엇인가?
- 생리학적 선행사건: 비자살적 자해의 생리학적 선행사건이 무엇인가?
- 인지·정서·행동 선행사건: 비자살적 자해의 인지·정서·행동적 선행사건은 무엇인가?
- 충동(urges)의 강도: 비자살적 자해를 하기 전 충동은 어느 정도인가?
- 상처(wound): 비자살적 자해 후 상처가 있는가?
- 시간(duration)의 정도: 비자살적 자해를 시작해서 끝날 때까지의 시간은 어느 정도인가?
- 신체적 통증의 정도: 비자살적 자해 후 신체적 통증은 어느 정도인가?

- **신체적 손상의 정도**: 신체적 손상은 어느 정도인가?
- **신체 부위**(body area): 신체 어느 부위에 자해를 하였는가?
- **도구**(tool), **방법**(method): 비자살적 자해에 어떤 도구나 방법을 사용하였는가?
- **장소**(place): 어떤 장소에서 자해를 하였는가?
- **혼자 혹은 같이 하였는지**(alone or with others?): 혼자 자해를 하였는지, 누구와 같이 하였는가?
- **인지, 정서, 행동 반응**: 비자살적 자해 후 인지 · 정서 · 행동적 반응은 어떠하였는가?
- **생리적 요소 반응**: 비자살적 자해 후 생리적 반응은 어떠하였는가?
- **환경적 요소 반응**: 비자살적 자해 후 환경적 반응은 어떠하였는가?
- **동기의 제거**(motivation to stop) **혹은 재시도**(rebound response): 비자살적 자해 후 자해를 하게 된 동기가 없어졌는가? 혹은 재시도하려 하는가?
- **그 외의 특이한 사항**: 그 외 다른 사항들이 있는가?

출처: E. David Klonsky, Jennifer J. Muehlenkamp, Stephen P. Lewis, Barent Walsh(2011)

2. 비자살적 자해의 경고신호와 위험지표들

자살행동의 일반적인 경고신호처럼 비자살적 자해 또한 구체적인 지표들이 비자살적 자해행동 전에 나타나게 된다. 예를 들어, 비자살적 자해의 강도나 빈도가 증가한다든지, 그 효과가 감소하거나 상실되었다든지 또는 강한 자기혐오나 극도의 분노가 있을 경우는 비자살적 자해의 경고신호로 볼 수 있다. 다음과 같은 지표들의 이해는 비자살적 자해행동에 대한 위기개입에 있어 매우 유용할 수 있다. 자살의 일반적인 경고신호와 비자살적 자해의 구체적 지표들은 다음과 같다.

자살의 경고신호와 비자살적 자해(NSSI)의 지표들

자살의 일반적인 경고신호	비자살적 자해(NSSI)의 지표들
자살생각(Ideation)	NSSI 강도 증가 – 의도보다 심한 자해, 더 심한 조직손상
약물남용(Substance use)	NSSI 빈도 증가 – 특히 절단(cutting)
무망감(Purposelessness)	삶의 즐거움 감소 – 삶의 이유가 적어짐
불안(Anxiety)	부정적인 내적상태(인지적, 정서적)를 참는 능력 감소함
덫에 걸린 듯한(Trapped)	NSSI 효과 상실 – NSSI가 잘 작동하지 않는다고 보고함
절망감(Hopelessness)	절망감 증가 – 미래에 대한 좁은 시야, 목표를 찾는 데 어려움 느낌
고립(Withdrawal)	무감각 증가, 부정적 자기평가 증가
분노(Anger)	강한 자기혐오, 신체혐오, 격렬한 분노 경험
무모함(Recklessness)	자살과 통증의 공포 감소 – 위험행동 증가
감정기복(Mood change)	NSSI 행동 증가 – 방법의 변화 또는 중독, 특히 약물

노트: The American Association of Suicidology's IS PATH WARM General Signs Warning Signs of Suicide. www. suicidology.org
출처: E. David Klonsky, Jennifer J. Muehlenkamp, Stephen P. Lewis, Barent Walsh(2011)

3. 비자살적 자해의 위험성평가 도구

비자살적 자해의 위험성을 평가함에 있어 신뢰도가 높고 타당화되어 있는 구조화된 면담 질문지와 자기보고 척도는 매우 유용하다. 비자살적 자해의 위험성평가를 할 수 있는 측정도구는 다음과 같이 구분할 수 있다. 1) 옴니버스 척도(omnibus measures)는 비자살적 자해의 통합적인 평가를 제공한다. 2) 기능적 평가 척도(functional measures)는 비자살적 자해를 하는 사람들의 동기(motivation)를 평가한다. 3) 행동적 평가 척도(behavior measures)는 전생애 혹은 최근 비자살적 자해행동에 관한 과거력을 측정하는 데 유용한 간단한 검사이다.

비자살적 자해의 위험성 평가를 위해 가장 기본적인 것은 위기개입자와 위기개입대상 간의 강한 협조적 라포형성이라고 할 수 있다. 위기개입자는 평가를 할 때 비판단적이며 수용적 태도와 더불어 비자살적 자해를 하는 사람의 과거력에 대한 '존중하는 호기심(respectable curiosity)'을 가지고 '절제되고 객관적인 태도(low-key dispassionate demeanor)'를 유지하는 것이 무엇보다 중요하다. 또한, 위기개입자는 평가를 시작할 때 비밀보장에 대한 부분을 명확히 설명해야 한다. 평가 범위에는 비자살적 자해의 과거력(방법, 빈도, 시작시기, 도구 등 포함), 비자살적 자해를 하게 된 맥락(환경, 생각, 감정, 선행사건, 결과 등 포함), 생리학적 요인들 그리고 위험이 수반되는 행동(약물, 알코올 사용, 섭식장애 등), 그리고 자해행동의 기능에 대한 평가 등 다양한 측면에서 통합적으로 평가해야 한다.

마지막으로 자살위험성을 반드시 평가해야 하며, 비자살적 자해와 자살 간의 복잡한 관계에 대해서 이해해야 한다. 그러나 척도를 사용한 평가는 단지 보조적 역할이어야 하며, 직접적 평가와 동시에 언제든 가능할 때 융통성 있게 비자살적 자해의 위험성 평가를 돕기 위한 도구로 사용해야 한다.

1) 옴니버스 척도(Omnibus Measures)

옴니버스 척도는 두 가지 이상의 측정도구를 통합하는 것으로 정신과적 검사의 특성 등을 포함하고 있다는 점에서 유용할 수 있고, 비자살적 자해의 다양한 측면을 잘 설명할 수 있다.

(1) 자해생각과 행동 면담(Self-Injurious Thoughts and Behaviors Interview: SITBI)[1)]

SITBI는 169문항(혹은 72문항 단축형: Nock et al., 2007)으로 구성되어 있으며 구조화된 면담이다. SITBI는 자살생각과 행동은 물론 비자살적 자해 생각과 행동의 체계적 분류와 빈도를 평가한다. 비자살적 자해 영역은 방법, 시작시기, 빈도, 기능, 치명성, 촉발 요인, 약물 혹은 알코올 사용, 의료적 치료, 사회적 영향, 충동성, 그리고 비자살적 자해의 미래 발생 가능성 등을 포함한다. SITBI를 실시할 때에는 응답자의 상태에 따라 검사소요 시간에 차이가 있는데 평균 3분에서 15분 정도가 걸린다.

SITBI는 표준화된 버전과 부모-보고식 버전이 있는데 부모-보고식 버전은 좀 더 어린 아이들과 작업할 때 유용하다. 또한, SITIBI는 유용한 정신과적 검사를 포함하고 있으며 임상적 그리고 연구 환경에서도 유용하다.

(2) 자살시도 자해 면담(Suicide Attempt Self-Injury Interview: SASII)[2)]

SASII는 자신에게 해를 주는 모든 의도, 비치명적 행동을 평가하는 구조화된 면담이다. SASII는 자살경향성(suicidality)과 비자살적 자해(NSSI)를 구별한다. SASII는 맥락, 빈도, 강도, 의도와 결과 기대, 신체적 상태 결과, 의학적 치료 여부, 선행사건, 계획/준비, 맥락적 혹은 행동적 요인들, 기능적 결과들을 포함한 각각의 비자살적 자해 삽화의 구체적인 평가를 제공한다. SITBI처럼 SASII도 유용한 정신과적 검사를 포함하고 있으며 임상과 연구에 유용하다.

---

1) SITBI(Self-Injurious Thoughts and Behaviors Interview)는 심리 측정적인 영역을 평가한다. 또한, 자살충동, 자살계획, 자살제스처, 자살 및 비자살적 자해를 포함하여 광범위한 자해생각 및 자해행동의 존재·빈도 및 특성을 평가하는 구조화된 면담이다. Nock et al., (2007) 참조.

2) SASII는 행동 방법, 치명성 및 충동성, 구조 가능성, 자살 의도 또는 양면성 및 기타 동기, 결과 및 습관성 자기자해와 관련된 변인을 평가한다. SASII는 아주 좋은 신뢰도와 적절한 타당도를 가지고 있는 것으로 밝혀졌다. 이 면담은 과거력에 대한 설명이지 자해, 자살시도를 예측하는 수단은 아니다. Linehan, Comtois, Brown, Heard, & Wagner(2006) 참조.

(3) 자살행동척도(Suicidal Behaviors Questionnaire: SBQ)[3)]

SBQ는 자살성과 비자살행동 모두를 평가하며 NSSI의 방법, 빈도, 기능과 같은 영역의 중요한 부분을 평가할 수 있다. SBQ-R은 4가지 항목을 포함한다. 항목 1은 평생 자살생각 또는 자살시도를 평가한다. 항목 2는 지난 12개월 동안 자살충동의 빈도를 평가하며, 항목 3은 자살시도의 위협을 평가한다. 마지막으로 항목 4는 장래에 자살행동의 자기보고 가능성을 평가한다.

2) 기능적 평가(Functional Measures)

비자살적 자해의 기능과 동기에 대한 철저한 평가는 비자살적 자해에 대한 사례 개념화와 개입계획을 세우는 데 매우 중요하다. 즉, 비자살적 자해의 가능한 동기들의 범위를 평가하도록 특별히 설계된 척도가 필요하다. 몇 가지 척도들은 이러한 목적을 가지고 개발되었다.

(1) 자해에 대한 진술척도(Inventory of Statements About Self-Injury: ISAS)[4)]

ISAS는 비자살적 자해의 다양한 동기를 가장 통합적으로 살펴볼 수 있으며, 임상적으로 유용하다. ISAS는 두 부분으로 구성되어 있는데 첫 번째 부분에서는 ① 비자살적 자해의 과거력: 빈도, 시작시기, 가장 최근 자해했을 당시의 나이 등 ② 맥락적 요인들: 비자살적 자해의 12가지 방법으로는 긋기(cutting), 화상 입히기(burning), 상처내기(scratching), 베기(carving), 꼬집기(pinching), 깨물기(biting), 머리칼 뽑기(pulling hair), 자신을 때리기(hitting or banging oneself), 바늘로 찌르기(needle sticking) 등을 평가한다. 신뢰도와 타당도가 매우 높고, 전 생애 비자살적 자해 행동을 신속하게 검사하는 데 효과적이다(Klonsky & Olino, 2008). 두 번째 부분에서는 비자살적 자해의 잠재적인 기능들에 관해 13가지를 평가하게 된다. ISAS는 경험적이고 이론적 문헌에

---

3) Linehan(1981) 참조.
4) Klonsky & Glenn(2009) 참조.

서 설명하고 있는 기능들을 기반으로 개발되었으며(Klonsky, 2007), 신뢰도와 타당도가 매우 높은 것으로 나타났다(Klonsky & Glenn, 2009). 13가지의 기능들은 ① 정서조절(affect regulation), ② 자기처벌(self-punishment), ③ 탈분리(anti-dissociation), ④ 대인관계 영향(interpersonal influence), ⑤ 감각/느낌 찾기(sensation seeking), ⑥ 자살억제(antisuicide), ⑦ 대인관계 경계(interpersonal boundaries), ⑧ 자율성(autonomy), ⑨ 고민거리(making distress), ⑩ 또래 유대감(peer-bonding), ⑪ 복수(revenge), ⑫ 자기 돌봄(self-care), ⑬ 강인함(toughness) 등이다.

각각의 기능은 3문항으로 평가되므로 총 39문항으로 구성되고, 평가하는 데 2분에서 8분 정도 소요된다. 3점 척도로, 13가지 기능들은 2가지 상위 범주로 나뉜다. 개인 내적(자기초점: 정서조절, 자기처벌), 개인 외적(사회적: 대인관계 영향, 또래 연대감) 등이다.

구체적인 문항을 살펴보면 "내가 자해를 할 때, 나는 … " 등이 있으며 그들의 기능을 다음과 같이 평가할 수 있다. "나를 좀 가라앉히려고(정서조절)", "도움을 청하기 위해 혹은 다른 사람들의 도움을 받고 싶어서(대인관계 영향)", "실제 자살시도 말고 자살생각에 반응하기 위해(antisuicide)".

(2) 자기절단의 기능적 평가(The Functional Assessment of Self-Mutilnation: FASM)[5)]

비자살적 자해가 가능한 이유들을 평가한 22가지는 몇몇 연구에서 사용되었다(Nock & Prisnstein, 2004; 2005).

(3) 자해이유 설문지(Self-Harm Reasons Questionnaire: SHRQ)[6)]

축약 질문(15문항)은 1~2분 안에 가능하며 비자살적 자해의 동기에 대한 검사를 간단하게 할 수 있다.

5) Lloyd, Kelly & Hope(1997) 참조.
6) Lewis & Santor(2008, 2010) 참조.

3) 행동적 평가(Behavior measures)

전 생애 혹은 최근 비자살적 자해 행동에 관한 과거력을 측정하는 데 유용한 간단한 검사이다. 물론 시간이 허락된다면 SITIB 등이 포함된 '옴니버스 척도' 등을 사용하는 것이 더 좋을 수 있다. 그러나 현실에서는 그 시간이 임상적 환경에서 중요하기 때문에 축약형 척도가 종종 사용되기도 하다.

(1) 고의적 자해 척도(The Deliberate Self-Harm Inventory: DSHI)[7)]

긋기(Cutting), 화상 입히기(burning), 상처내기(scratching), 베기(carving), 꼬집기(pinching), 깨물기(biting), 머리칼 뽑기(pulling hair), 자신을 치기(hitting or banging oneself), 바늘로 찌르기(needle sticking)와 같은 비자살적 자해 행동을 평가하며 과거력, 시작시기, 빈도, 강도 등을 평가한다. 다른 척도와 마찬가지로 DSHI는 유용한 정신적 측정을 할 수 있으며 비구조화된 임상적 면담을 통해 얻을 수 있는 정보를 충분하게 얻는 데 유용하다.

4. 비자살적 자해의 위험성수준 분류와 개입

비자살적 자해의 위험성 평가의 목적은 적절한 개입의 수준을 결정하기 위한 것이다. 비자살적 자해에 대한 위기개입은 신중한 관찰(monitoring), 전혀 개입을 하지 않는 개입, 의료적 개입의 연계 혹은 상담적 연계, 사회복지적 개입 연계 등 대상자의 특성과 상태에 따라 적절하게 결정되어야 한다. 따라서 위기개입자들의 중요한 과업은 비자살적 자해를 하는 사람의 기능(동기, 이유, 욕구)에 대한 정확한 평가를 통해 개입 수준과 방법을 결정하는 것이다.

자해행동에 대한 적절한 개입은 비자살적 자해(NSSI), 자살성(suicidality), 잠재적으로 동반할 수 있는 다른 증상들, 장애에 대한 평가를 통해 위기사례마다 개입을 주의 깊게 시행하여야 한다. 또한, 비자살적 자해의 위험성 평가

7) Gratz(2001) 참조.

에서는 의도, 빈도, 사용된 방법 및 부상의 심각성 등 몇 가지 중요한 측면을 다루어야 한다(Muehlenkamp, 2005). 이러한 평가과정을 통해 낮은 빈도 및 낮은 강도의 경도 수준의 위험성과 높은 빈도 및 높은 강도의 심각한 상해, 장애를 유발하는 중등도 수준 그리고 생명과 직접적으로 관련되는 심각한 수준의 자살적 자해로 구분할 수 있다.

비자살적 자해행동의 위험성 수준을 평가하고 분류할 때, 다음에 설명하는 기준들은 일반적인 기준으로서 절대적인 것이라 말할 수는 없으며, 개인적 동기와 특성 그리고 사회적 맥락을 반드시 고려해야 한다. 즉, 위기개입자는 다음과 같은 일반적인 기준을 기반으로 하여 위기상황의 환경적·개인적 상태를 정확히 판단하고 다양한 측면을 복합적으로 분류한 후 적절한 개입을 실시해야 한다.

1) 경도 수준

비자살적 자해의 경도 수준은 일반적으로 다음과 같은 경우에 해당한다. 비자살적 자해를 한 번 혹은 두 번 정도 했거나, 임상집단에서는 평생 3, 4회에서 10회 이하의 비자살적 자해시도를 한 경우이다. 자해정도는 의학적으로 치명성이 낮은 경우이고 정서적 고통이 그리 심하지 않은 것으로 판단할 수 있다. 또한, 사회적 또는 경험적 기능이 어느 정도 약화되어 있는 경우이다. 구체적으로 입술 깨물기, 자신을 때리거나 신체 일부를 사물이나 벽에 부딪치는 정도이고 적절한 치료를 하지 않아 상처가 아물지 않도록 하거나 치료를 거부하는 경우도 해당된다. 일반적으로 경도 수준에서는 자살생각이 없고, 임상적 장애는 없는 것으로 나타난다.

경도 수준에서의 개입은 적극적 치료보다는 주위에서의 지속적이고 적절한 관심과 지지가 필요하고, 필요한 경우에는 심리 상담을 의뢰할 수 있다.

2) 중등도 수준

비자살적 자해의 중등도 수준은 일반적으로 다음과 같은 경우에 해당한다. 비자살적 자해를 한 번 혹은 두 번 이상 했거나, 임상집단에서는 최근 1년

간 50회 이상 시도한 경우에 해당한다. 비자살적 자해는 일반적으로 다양한 방법을 사용하는데, 구체적으로 칼이나 날카로운 물체 등을 사용해 팔, 다리, 복부 등 신체부위를 찌르거나 긋기, 핀이나 작고 날카로운 물체 등을 피부 속에 삽입하기, 불로 피부를 지지거나 화상을 입히는 등의 행동들이 포함된다. 일반적으로 중등도 수준에서는 비자살적인 자해행동을 정서조절이나 자기처벌 등의 이유로 하는 경우가 많고, 혼자 있을 때 정서적 고통을 호소한다. 또한, 자살생각을 하기도 하지만 구체적 계획이나 시도는 하지 않으며 임상적으로 유의미한 상태를 수반한다.

중등도 수준에서의 개입은 적극적인 치료를 위한 의뢰가 필요한데, 상담 및 외래치료를 권하거나 판단에 따라 입원치료 또한 신중히 고려해볼 수 있다.

3) 심각한 수준

비자살적 자해의 심각한 수준은 일반적으로 다음과 같은 경우에 해당한다. 비자살적 자해 생각의 빈도가 높고, 반복적이며 지속적으로 자해를 하고 치명성이 심각한 수준이다. 따라서 비자살적 자해로 남은 상처들의 의학적 심각성이 높고, 장애 혹은 사망의 위험이 높다고 판단할 수 있다.

중등도 수준과 마찬가지로 다양한 도구와 방법을 사용한다. 또한, 자살위험성 수준이 매우 높은 것으로 나타나고, 정신장애를 수반하며, 심각한 손상이 있다. 심각한 수준에서의 개입은 적극적이고 즉각적인 치료가 필요하고, 생명과 관련이 있으므로 반드시 입원치료가 필요하다.

비자살적 자해(NSSI) 위험성 수준 분류와 개입

경도 수준 • NSSI 한번 혹은 두 번 정도 • 임상집단에서 평생 3~4회에서 10회 이하의 시도 • 사회적 혹은 경험적 기능 약화 • 자해 정도가 의학적 치명성 낮음 • 정서적 고통 낮음 • 입술 깨물기, 고의로 자신을 때리거나 신체 일부를 사물이나 벽에 부딪침 • 치료를 지연함으로써 상처가 아물지 않도록 하거나, 질병에 대한 치료를 거부함 • 자살 생각 없음 • 임상적 장애 없음 • 주위의 지속적인 지지와 관심 • 상담을 필요로 할 수 있음
중등도 수준 • NSSI 한 번 혹은 두 번 이상 • 임상집단에서 최근 1년간 50회 이상의 평균 빈도 • 다양한 도구와 방법 사용(칼이나 날카로운 물체 등을 사용해 팔, 다리, 복부 등 신체 부위를 찌르거나 긋기, 핀이나 작고 날카로운 물체 등을 피부 속에 삽입, 불로 피부를 지지거나 화상을 입힘 등) • 정서조절이나 자기처벌과 같은 개인 내적 이유, 혼자 있을 때 정서적 고통 호소 • 자살생각은 있으나 구체적인 자살계획이나 의도는 없음 • 임상적으로 유의미한 상태를 수반 • 외래치료 혹은 입원치료 의뢰
심각한 수준: 즉각적 입원치료 의뢰 • NSSI 생각/시행 높음 • 의학적 심각성 높음 • 임상집단에서 지속적 빈도 • 반복적 · 지속적 · 빈도가 매우 높음 • 자해 정도가 치명성 수준이 높고, 장애 혹은 사망의 위험 있음 • 다양한 도구와 방법 사용 • 자살위험성 수준이 매우 높음 • 정신장애를 수반하여 심각한 손상이 있음 • 즉각적 개입 및 입원치료 의뢰

출처: E. David Klonsky, Jennifer J. Muehlenkamp, Stephen P. Lewis, Barent Walsh(2011).

위기관리총서 시리즈 9

III

비자살적 자해의 이해와 개입

위기개입자의 역할과 태도

위기개입자의 역할과 태도

1. 비자살적 자해의 위기관리(Risk Management of NSSI)

비자살적 자해에 대한 위기개입에 있어서 중요한 첫 번째 도전은 위기개입의 대상자에게 무엇이 가장 우선되어야 하는지를 결정하는 것이다. 비자살적 자해의 위기에 처해 있는 대상자에게 임상적으로 다양한 개입이 필요할 수 있다. 비자살적 자해행동을 단독으로 가지고 있는 것이 아니라 동시에 공황장애, 우울증 등을 포함한 다양한 정신장애와 관련된 어려움을 가지고 있는 경우, 그 증상들과 구별하고 다른 어떤 개입보다 비자살적 자해가 첫 번째 개입 대상이 되어야 한다. 왜냐하면, 비자살적 자해는 신체적 안전을 위협할 수 있는 손상을 가져올 수 있고, 손목을 생각보다 깊게 그어 생명에 위협이 될 정도의 출혈이 있을 수 있으며, 2차 감염의 위험이 있을 수 있고, 추가적인 자해를 함으로써 죽음으로 이어질 수 있기 때문이다. 따라서 위기개입자는 대상자의 신체적 안전 확보를 최우선으로 하고, 그 외 임상적 증상들은 의료적인 치료개입을 의뢰하도록 한다.

그러나 현장에서 위기개입자들은 다음과 같은 이유로 비자살적 자해에 대한 개입을 적극적으로 하지 않는 경우가 있다. 첫째, 현실적으로 비자살적 자해는 위기개입의 관점에서 볼 때 일반적으로 생명의 위협이 될 만큼의 큰 상해를 가져 오지 않는다는 인식이다. 비자살적 자해로 인한 상해는 일반적으로 깊지 않은 상처이고 경미한 조직 손상정도인 경우가 흔하다. 자살시도는 비자살적 자해에 비해 더 긴박하고 치명적이기 때문에 자살시도와 같은 방식으로 비자살적 자해에 반응하는 것은 위기개입의 최우선 순위에 문제가 있을 수 있다고 보는 관점이다. 둘째, 비자살적 자해를 하는 사람들 중에는 다른 정신장애(우울증, 불안장애 등) 혹은 성격장애(경계선 성격장애 등)를 수반하는 경우가 있는데, 이런 경우 비자살적 자해가 이러한 의료적 문제의 결과에 의한 문제행동으로 보여질 수 있다는 것이다. 예를 들어, 부정적 정서들을 격렬하게 자주 경험하는 사람은 자해행동을 통해 필사적으로 그 고통을 멈추고 싶어 하고, 그 감정들에 압도되었을 때 하는 처절한 행동임에도 불구하고 위기개입자는 위기개입 대상자의 부정적 감정에 대한 단순한 대처방법의 하나로 평가하여 개입에 우선순위를 두지 않는 경우가 있다. 이런 경우, 비자살적 자해의 위기에 처한 대상자는 자신이 이해받지 못하고, 자신의 이야기가 진심으로 전달되지 않는다고 느끼며, 자신의 행동이 부정적으로 평가되고 판단되어진다고 생각하기 때문에 위기개입자와 라포를 형성하는 데 어려움을 겪을 수 있으며 위기개입에 큰 걸림돌이 될 수 있다.

따라서 위기개입자는 비자살적 자해행동에 대한 개입의 중요성을 인식하고, 비자살적 자해를 하는 사람과의 라포형성에 힘쓰며, 안전을 확보하는 것을 우선해야 한다.

2. 비자살적 자해의 자살위험성 관리

비자살적 자해는 자살시도와 분리된 독립적 개념으로 이해되기도 하지만, 위기개입자는 비자살적 자해가 자살행동과의 상관관계가 매우 높고, 자살위험을 증가시킨다는 인식을 가져야 한다. 비자살적 자해의 위기에 처한 사람과 함께 작업하는 위기개입자는 자해에 대한 위기 개입뿐 아니라 급박한 자살위기 개입에 대한 전문적 지식과 훈련이 절대적으로 필요하다(Jobes, 2006).

앞에서 반복적으로 강조하였지만, 비자살적 자해의 빈도는 자살시도를 증가시키며 자살완결의 위험 또한 증가시킬 수 있다(Klonsky & Olino, 2008; Whitlock et al., 2007). 비자살적 자해의 빈도가 15회 이상 혹은 그 이상으로 증가해야 자살의 위험성이 있다는 연구도 있고(Whitlock & Knox, 2007), 단순히 비자살적 자해 빈도·방법의 치명성과 같은 특징들이 자살위험의 지표가 아니라는 것을 제시하는 연구 또한 있다. 쿠퍼(Cooper)와 동료들(2005)의 연구에서 절개의 치명성이 높음에 따라 자살위험 또한 증가했지만, 다른 비자살적 자해 방법들은 자살시도와 아무런 관련이 없었다는 것을 발견하기도 하였다. 그러나 다른 연구에서는 자해로 고통받는 사람들이 몇 가지 다른 비자살적 자해방법을 사용하지만, 비자살적 자해방법이 증가함에 따라 자살시도의 위험도 증가하는 것으로 보고하였다(Nock et al., 2006). 또한, 뮬란캠프와 거티에레즈(Muehlenkamp & Gutierrez, 2007)는 비자살적 자해와 자살시도를 모두 하는 사람들은 비자살적 자해만 하는 사람들보다 자살과 죽음에 대한 공포가 적다는 것을 발견하였다. 같은 연구에서는 비자살적 자해와 자살시도를 모두 하는 청소년들은 무감각(무쾌감), 부정적 자기평가/자기비판 그리고 미래에 대해 부정적인 절망감 등이 그렇지 않은 청소년에 비해 더 많다고 보고하였다. 마지막으로, 검증된 연구결과는 아니지만 비자살적 자해를 하는 사람이 그 자해행동이 원하는 것에 '더 이상 작동하지 않아요(not working)' 혹은 '이제 효과가 없어요(losing its effectiveness)'라고 한다면 자살위험은 높아질 수 있다고 보고하고 있다.

위에서 살펴본 바와 같이 비자살적 자해와 자살과의 관계에 대한 연구결과가 일관되지 않고, 나아가 비자살적 자해와 관련된 수많은 연구들을 통해 비자살적 자해가 생명과 직접적이며 즉각적인 연관이 없다는 것을 종종 발견할 수도 있다. 하지만 비자살적 자해행동을 하는 사람에게 위기개입을 해야 하는 위기개입자는 일단 현장에서 비자살적 자해행동과 자살위험성이 강한 상관관계가 있다는 것을 반드시 인식하고 있어야 하며, 자해 위기에 처한 사람의 자살위험성을 평가하고 의심되는 경우에는 자살경향성이 있는 사람들을 위해 제안된 돌봄 규정(recommended standards of care)을 따라야 한다(Mckeon, 2009; 육성필, 조윤정, 2019).

3. 비자살적 자해에 대한 개입의 기본적인 태도와 지침

일반적으로 사람들은 자해에 대해 공포, 혐오스러움 혹은 경멸하는 것과 같은 부정적인 반응을 하는 경향이 있다. 이러한 주변 사람들의 반응 때문에 자해를 하는 사람들은 타인으로부터의 낙인과 부정적 반응들을 예상하고 매우 예민하게 반응한다. 이러한 오해나 편견에 대한 두려움으로 누군가에게 자신의 이야기를 하거나 발견되는 것을 최소화함으로써 자신의 자해에 대한 정보를 숨기게 되고, 이로 인해 부정적인 결과를 가지고 올 수 있다. 따라서 위기개입자가 비자살적 자해에 대해 효과적 위기개입을 하기 위한 위험성 평가를 할 때는 강력한 라포형성이 매우 중요하다.

위기개입자가 비자살적 자해행동을 하는 사람에게 위기개입을 하는 경우 '절제되고 객관적인 태도(low-key dispassionate demeanor)'를 최대한 유지하는 것이 좋다(Walsh, 2006, 2007). 만약, 위기개입자가 비자살적 자해에 대한 관심을 너무 많이 나타내는 경우 자해를 하는 사람은 자신에게 비난이나 비판을 하는 것으로 인식 될 수 있고, 자해 행동을 승인하거나 지지하는 과도한 표현을 하는 경우 비자살적 자해행동을 용서하거나 용인하는 것으로 인식될 수 있다. 따라서 비자살적 자해행동을 하는 사람을 위해 위기개입자는 적절한 관심과 절제되고 객관적인 태도를 유지하여 라포형성을 형성하는 데 노력을 기울여야 하며, 이를 기반으로 비자살적 자해를 하는 사람으로부터 정확하고 임상적으로 유용한 정보를 이끌어 내어야 한다.

마지막으로 위기개입이 끝난 후에도 비자살적 자해의 특성인 반복성으로 인해 자해행동을 지속하고 유지할 가능성이 높기 때문에, 이들을 위한 추후관리가 중요하다. 추후관리를 위해서는 비자살적 자해에 대한 개입의 접근성과 유용성이 높은 지역 위기센터 전화번호, 지역 정신과 병원, 기타 연관기관 정보를 제공하거나 연계하여 도움을 받을 수 있도록 하고, 연계 후에도 정기적인 관심을 가지고 확인하는 것이 필요하다.

1) 위기반응을 관리하라

자해의 유병률과 심각성을 감안할 때, 많은 위기개입자 혹은 의사, 상담사들은 임상현장에서 비자살적 자해를 하는 사람들을 접했을 가능성이 높다. 그러나 자해를 하고 있는 사람들 혹은 이전에 자해를 한 사람을 만난 경험이 충분하지 않은 경우에는 위기개입자들의 자해에 대한 비수용, 편견, 혐오, 당황, 비난 등의 태도가 은연중에 나타날 수 있다. 만약 비자살적 자해를 하는 사람에게 위기개입자의 이러한 태도가 느껴진다면, 이들과의 라포형성이 어려워지게 되고 그들로부터 정보를 얻기 힘들 가능성이 있으며 전문적이고 효과적인 서비스가 제대로 제공되기 어려울 것이다.

따라서 위기개입자는 공감적이며 비판단적으로 비자살적 자해를 하는 사람을 대해야 한다. 만약, 위기개입자 자신이 자해에 대한 편견과 부정적 혹은 강한 반응을 스스로 지각하여 객관적이거나 전문적인 개입이 어렵다고 판단이 된다면, 다른 위기개입자에게 의뢰해야 한다.

2) 라포형성을 하라

비자살적 자해를 하는 사람들은 다른 사람들이 자신들의 행동에 부정적으로 반응할 것이라 생각한다. 비자살적 자해는 조종, 관심추구, 무서움, 불쾌감, '미친'과 같은 경멸과 당혹스러움 등의 인식을 주변 사람들에게 가지게 한다. 또한, 경계선 성격장애(BPD)인 경우 비자살적 자해를 반복적으로 하고, 잠재적으로 입원이 필요한 자살시도를 하며, 어린 시절 신체적 혹은 성적 학대의 결과 등이 있을 수 있다는 다양한 편견과 오해들이 있다. 이로 인해 실제 비자살적 자해를 하는 사람들은 종종 이러한 오해 아닌 오해들에 노출되어 있어 당연히 위기개입자들도 그럴 것이라 여기고 자신의 자해행동을 위기개입자에게 드러내는 것을 매우 불편해하고 두려워한다.

리포형성을 위해서는 편견 없이 판단하지 않는 적극적 경청, 일치성과 공감이 필요하다. 다시 강조하지만 비자살적 자해에 대해 질문할 때, 위기개입자는 '절제되고 객관적인 태도(low key dispassionate demeanor)'와 '존중할 수 있는 호기심(respectful curiosity)과 진심 어린 관심'을 적용해야 한다(Walsh, 2006, 2007). 이러한 위기개입자의 태도는 비자살적 자해를 하는 사람에게 과도한 정도의 많은 관심을 표현하지 않는 것과 비자살적 자해행동을 용인하는 것으로 인식될 정도의 과잉 지지를 나타내지 않는 적절한 수준의 관심과 염려를 전달하도록 해야 한다. 비자살적 자해를 하는 사람은 위기개입자가 자해에 대한 편견과 선입견에서 자유롭고, 개방적이며, 수용적이라 인식할 때 자신의 이야기를 하게 되고 그들의 어려움을 토로할 수 있다.

3) 즉각적 중단 요청을 하지 마라

경험이 많지 않은 위기개입자들은 비자살적 자해를 하는 사람에게 특정의 개입을 하는 경우에 그들이 곧바로 자해행동을 중단할 것이라 믿는다. 이와 같은 위기개입자들의 믿음은 자해에 대한 공포, 본능적 반응 혹은 자해를 하는 사람의 안전에 대한 염려에서 오는 것일 수 있다(Walsh, 2006). 그러나 대부분의 경우, 비자살적 자해행동을 하는 사람들은 자해행동의 중단에 대해 높은 양가감정(자해행동의 중지하고 싶은 마음과 유지하고 싶은 마음)을 가지고 있다. 비자살적 자해를 하는 대부분의 사람들은 자해행동을 멈추기가 힘들고, 다른 대처방안을 생각하는 것이 어려우며, 그 대안을 실행하는 것이 매우 어렵다. 따라서 비자살적 자해를 하는 사람에게 그 행동을 즉각적으로 중단하기를 요구하는 것은 오히려 그들에게 절망감과 좌절감을 증가시킬 수 있다. 그러므로 그 자해행동이 심각하고 잠재적으로 치명적 상해를 입히는 경우가 아니라면 위기개입자는 인내하고, 자해에 대한 수용의 태도를 취하며, 점차적으로 그 행동을 감소시키도록 작업해야 한다. 그렇게 하는 것이 비자살적 자해행동을 하는 사람의 잠재적이고 강력한 심리적 저항을 피할 수 있고, 비자살적 자해를 하는 사람에게 새롭고 적응적인 대처행동을 배울 수 있도록 하며, 점차적으로 자해행동을 포기할 수 있도록 하는 시간과 공간을 허용할 수 있게 된다.

위기개입의 초기단계에서 비자살적 자해를 하는 사람들이 그 행동을 지속하기 위해 강력한 저항을 하겠지만, 대부분은 자해행동을 중단하기 전에 자해를 대체할 새로운 기술과 행동들을 습득할 필요를 느끼고 있다. 위기개입자가 이러한 심리적 측면을 이해하고 있더라도 자해를 포기하는 것은 새로운 기술을 배우는 것(예: 피아노를 배우는 것)과 같이 많은 과정과 오랜 시간을 필요로 할 수 있기 때문에 직접적으로 이 모든 과정을 그들과 함께 할 수는 없다.

따라서 위기개입자는 비자살적 자해를 하는 사람들에게 초기 개입을 할 때 무조건 안전의 확보를 빌미로 비자살적 자해행동의 즉각적 중단을 요구하지 않도록 해야 한다. 그들의 자해행동에 대한 양가감정의 심리적 측면을 충분히 이해하고 공감하며 라포를 형성하고 충분히 시간을 가지면서 자해행동을 감소시켜 나가도록 유도해야 한다.

4) 비밀유지의 한계를 이해하라

위기개입자는 비자살적 자해행동에 대한 초기 개입과정에서 비밀유지와 관련된 결정을 해야 한다. 성인의 경우, 비밀유지는 비자살적 자해가 치명적이거나 자살과 관련이 있는 경우에만 비밀유지를 깰 수 있다는 윤리 지침을 적용하면 되고 과정이 그리 복잡하지는 않다. 그러나 비자살적 자해를 하는 청소년의 경우는 좀 더 복잡하다. 만약 주양육자가 비자살적 자해에 대해 미리 인지하고 있다면, 주양육자들은 비자살적 자해 행동이 더 악화될지 모른다는 두려움으로 자녀의 자해행동에 대해 지속적으로 알고 싶어 한다. 만약 주양육자가 비자살적 자해에 대해 인지하지 못하고 있다면, 주양육자들은 자녀가 비자살적 자해를 하는지에 대한 정보를 얻고 싶어 할 것이고, 자녀의 비자살적 자해행동을 위기개입자가 알고도 공개하지 않았다는 것을 알게 되면 법적인 문제가 발생할 수 있다.

위기개입 과정에서 비자살적 자해를 하는 청소년, 주양육자와 동시에 라포를 유지하고, 자해를 하는 청소년의 안전을 확보하면서 균형을 잡는 것은 매우 어려울 수 있다. 청소년의 경우, 비밀유지를 보장하지 않으면 자신의 자해행동에 대해서 말하지 않으려 하기 때문에 개입이 쉽지 않다. 그러나 위기개입자는 비밀유지를 보장하지 못하는 것에 대한 당위성과 이 모든 것이 자해를 하는 청소년 당사자의 안전과 성장을 위한 것이라는 것을 이해시키고 설득하도록 해야 한다. 위기개입자는 비자살적 자해를 하는 청소년과 라포 형성이 전제된 상태에서 그들에게 진심 어린 관심을 표현하고, 그들을 돕기 위한 것이며, 반드시 필요한 과정이라는 것을 설명해야 한다. 동시에, 주양육자에게는 자녀가 경험하는 심리적 어려움을 이해시키고, 비자살적 자해를 이해하기 위한 교육도 제공하면서 비밀유지가 가능하지 않았을 때 나타날 수 있는 결과를 최소화시키도록 해야 한다. 그런데, 밀러(Miller) 등(2007)은 위기개입자가 비자살적 자해를 하는 청소년들과 치료적 동맹을 지키고 그들을 존중하면서 개입하기 위해 일단 비자살적 자해행동에 대한 비밀유지 위반을 하지 않아야 한다고 제안하였다. 물론, 그들의 비자살적 자해가 치명적이거나 자살행동과 연관되는 경우 비밀유지는 제외이다. 특히, 개입 초기에 비자살적 자해에 대한 공개의 경계를 명확히 하는 비밀유지의 한계에 대해 확실히 할 것을 강조하였다. 추가적으로, 주양육자의 염려를 덜어주는 한 가지 방법은 그들이 자녀의 비자살적 자해에 대해 알고 있다고 가정할 때, 주양육자의 염려하는 마음에 대해 타당화·정상화를 해주고 자녀들이 비자살적 자해에 관해 개방적이지는 않을 것임을 먼저 설명해 주는 것이다. 또한, 위기개입자는 주양육자에게 개입과정에서 비자살적 자해의 빈도·치명성 등이 증가하기 시작하고 경고신호가 여러 측면에서 나타나면, 자녀의 안전을 보장하기 위해 비밀유지가 깨어지게 된다는 것을 주지시켜야 한다. 어떤 위기개입자들은 이러한 접근에 대해 불편해할 수 있는데, 이런 경우 위기개입자 개인의 한계에 부합하는 지침을 만들 필요가 있다. 핵심적인 전략은 개입 초기에 비밀보장(어떤 비밀보장을 할 것인가, 언제 그 비밀보장을 깰 것인가)의 한계를 명확히 하는 것이고, 모든 관련자들을 그 논의에 포함시키는 것이 좋은 방법일 수 있다. 만약 비밀보장이 깨어져야 하는 경우, 위기개입자는 개입과정에서 모두를 적극적으로 포함시켜 개입전략에 대한 정보를 제공하고, 그들이 가질 수 있는 염려나 불안을 다루어주는 심리적 개입이 반드시 필요하다.

5) 공감을 표시하라

위기개입 과정에는 적극적 경청, 핵심감정의 명료화, 위기개입자의 의견이나 충고 보류, 일치되고 공감적인 태도, 반영적 경청 등을 기반으로 하는 개입이 이루어져야 한다. 위기개입자는 대부분 언어적으로 공감하지만 비언어적 행동에서도 공감을 충분히 나타낼 수 있다. 목소리 톤, 적극적 경청을 위한 자세, 눈맞춤 등으로 공감적 태도를 표현하는 것이다. 반영적 경청은 단지 열심히 듣는 것이 아니라 자해를 하는 사람이 말하는 내용에 내포되어 있는 핵심적 의미와 감정을 분별하고 그에 대해 적절히 반영하는 것을 포함한다.

비자살적 자해를 하는 사람들의 경우, 자신의 행동이 부적절하고 비난을 받을 것이라고 인식하고 있기 때문에 자신의 행동을 숨기려는 경향이 강하다. 그들이 자해행동을 인정하더라도 수치심을 강하게 느끼고, 자기비판, 우울감 등을 경험하면서 자해를 반복적으로 하게 되는 결과를 낳기도 한다. 따라서 위기개입자는 비자살적 자해행동을 하는 사람들의 자해행동에 대해 판단하거나 평가한다는 느낌을 주지 않는 것이 중요하고, 대상자가 진심으로 공감받는다는 것을 느끼도록 해야 한다. '공감하다'의 의미는 자해행동에 대해 공감하라는 것이 아니라 그 행동 기저에 깔린 생각을 읽어주고 감정에 대해 이해하려고 하는 것이다. 중요한 것은 위기개입 대상자가 위기개입자로부터 자신이 이해받고 수용 받는 것을 느끼고, 그 느낌을 다시 위기개입자가 느낄 수 있어야 한다는 것이다. 단편적으로 단순히 공감하는 말과 태도만을 보이는 것으로는 부족할 수 있다.

6) 논쟁을 피하라

사회심리학자들은 일반적으로 양가감정을 가진 사람에게 어떤 한 측면을 설득하려고 하는 것은 오히려 그 측면에 강한 저항을 가지고 오게 된다고 설명한다. 그러므로 비자살적 자해행동을 하는 것에 대한 과도한 논쟁은 더욱 비자살적 행동을 하게 할 가능성이 있으며, 비자살적 자해행동이 유용한 이유들에 오히려 더 초점을 맞출 수 있다. 또한, 자해는 그들의 압도적인 부정적 감정을 일시적으로 완화시킬 수 있는 매우 효과적이고 쉽게 포기할 수 없는 방법임을 위기개입자는 잊지 말아야 한다. 비자살적 자해가 해로운 여러 가지 이유들을 그들에게 설명하거나 설득하려고 하면 오히려 그들은 그 행동이 자신에게 얼마나 유용한지에 대한 수많은 이유를 위기개입자에게 논리적으로 설명하고 주장할 것이다.

따라서 위기개입자는 그 행동을 바꾸려 하지 말고 그들의 행동을 유지하는 것에 대한 주장을 스스로 이야기하도록 무심히 유도하는 것이 필요하다. 즉, 찬반논쟁을 피하는 대신 주어진 시점에서 그들과 협조적인 관계를 유지하고 그들이 변화하려 하거나 그렇게 하지 않으려는 선택에 공감해 주고, 그들이 준비되어 있지 않거나 변화하려는 의지의 가능성에 대해 개방적 태도를 유지하는 것이 최선이라 할 수 있다.

7) 저항을 인정하라

일반적으로 위기개입자들이 위기개입을 할 때 비자살적 자해를 하는 사람들의 엄청난 저항과 맞닥뜨리게 된다. 예를 들면, "나의 자해는 아무도 해치지 않아요. 그런데 왜요?", "내가 미칠 지경일 때 완화시켜주는 좋은 방법일 뿐이에요.", "이렇게 하면 기분이 좋아져요. 왜 못하게 하는 거죠?"라고 하면서 비자살적 자해에 대해 논리적으로 말하고 그 행동들을 유지하고자 한다. 만약 그들이 변화에 저항한다면, 위기개입자는 절대 변화를 위한 이유들에 반대하거나 논쟁하지 않아야 한다. 차라리 위기개입자들은 저항을 인정하고, 그 저항을 스스로 포기할 때까지 기다려 주는 것이 중요하다. 위기개입자는 다음과 같이 간단하지만 진실한 반영을 할 수 있다. "자해를 하는 그 선택은 당신 선택이에요. 당신이 말한 것처럼 다른 사람들에게 해가 가지도 않고 사실 감정적으로 힘들 때 매우 유용한 행동일 수 있겠어요." 자해를 하는 사람들의 저항을 이러한 태도로 반응한다면, 그들은 오히려 저항을 어느 정도 낮출 것이다.

따라서 비자살적 자해에 대한 논쟁에서 그들의 행동에 개방적이고, 그 행동 이면의 심리적 측면에 공감과 이해를 충분히 제공하게 되면 그들은 역설적으로 덜 저항하게 되며, 행동의 변화가 유용할 수 있다는 가능성과 그 이유를 탐색하는데 조금 더 개방적이 될 수 있다.

8) 자기효능감을 지지하라

위기개입자가 해야 할 또 다른 중요한 역할은 비자살적 자해를 하는 사람이 스스로 행동의 변화가 필요하다고 인식할 수 있도록 돕는 것이며, 그들이 스스로 변화할 수 있다고 느끼게 하는 것이다. 비자살적 자해를 하는 사람들은 위기개입 과정을 통해 그들의 자해행동을 변화하고 중단할 필요성을 느끼고 있지만, 그런 변화를 위한 대안, 즉 구체적 도구 및 전략들이 자신에게 도움을 주지 못할 것이라 생각하며 스스로 변화하는 것에 대한 자신감이 부족하다. 그래서 그들에게 자기효능감을 제공하는 것이 필요하고, 그들에게 변화할 수 있다는 자신감을 증진시키는 것이 중요하다. 자기효능감은 비자살적 자해를 하는 사람들에게 위기개입자가 일방적으로 개입전략을 제공하는 것으로 구축되지는 않는다. 결국, 위기개입 과정에서 상호협력적이어야 하며, 비자살적 자해행동을 하는 사람들이 변화에 대한 자기확신을 가지는데 목표를 두어야 한다. 또한, 그들이 특별한 경험을 할 수 있는 환경과 목표를 가질 수 있도록 다양하고 구체적인 전략을 스스로 개발하도록 하는 것이 더 효과적일 수 있다.

그러기 위해서는 전략을 수립할 때 실현 가능한 작고 구체적인 것부터 시작하도록 하는 것이 좋다. 작은 실천과 성취가 누적이 될수록 행동을 변화시킬 수 있는 가능성이 높아진다. 비자살적 자해를 하는 사람이 스스로 실현 가능한 것을 제안하고 위기개입자는 이러한 제안을 지지해주고 믿어주는 것이 필요하다. 혹여 변화를 위한 노력이 성공하지 못했다고 해도 실망하거나 지나치게 용기를 주려고 할 필요는 없다. 오히려 자해행동을 한 사람에게 충분히 그럴 수 있고 변화가 그리 쉽지 않다는 것을 설명하며 다시 할 수 있다는 격려 정도만 해주어도 충분하다. 너무 칭찬을 해주거나 독려하는 경우, 자신이 하고자 했던 행동을 하지 못했을 때 위기개입자에게 실망을 주었다는 마음으로 오히려 개입을 피할 수 있고, 자기비판과 좌절감으로 비자살적 자해를 더 하게 하는 원인이 될 수 있다. 성공하지 못한 것에 대해서는 그럴 수 있고, 포기하지 않고 천천히 행동을 변화시킬 수 있도록 지지하면서 도와야 한다.

9) 불일치를 인식하게 하라

불일치를 인식하게 하는 것은 비자살적 자해를 하는 사람이 원하는 게 무엇인지와 현재 그것을 위해 무엇을 할 수 있는지 사이의 간극(gap)을 스스로 깨닫도록 돕는 것이다. 많은 개입전략들은 이러한 불일치를 깨닫도록 하고 있으며, 변화에 대한 동기를 강화하는 것에 초점을 맞추고 있다. 자해위기에 처한 사람이 불일치를 인식하도록 하는 것은 강한 라포형성이 되어 있어야 하고, 구체적 방법을 필요로 하며, 전략적이어야 한다. 공감, 반영적 경청, 일치성, 직면을 피하지 않는 것 등을 기본으로 한다.

구체적으로 위기개입자는 비자살적 자해를 하는 사람에게 무엇을 기대하는지 물어볼 수 있고, 비자살적 행동이 확실하게 지속되거나 중단된다면 인생이 어떻게 될 것 같은지 마음 속 이야기를 할 수 있도록 한다. 그러나 너무 직접적으로 불일치를 강하게 직면하게 하거나 해석하게 되면 자해위기에 처한 사람들이 강한 저항을 하게 될 것이고 신뢰가 깨어지게 될 것이다. 되도록 천천히, 단계적으로 하고 그들이 스스로 이야기하면서 깨달을 수 있도록 하는 것이 효과적이다.

10) 전문성을 키워라

비자살적 자해가 비록 자살의도가 없다고 해도 자살행동과의 상관관계가 높고, 자해행동이 반복되는 경우에 자살행동으로 이어질 수 있다. 즉, 비자살적 자해행동은 직접적이고 반복적인 특성이 있으므로 위기개입자는 초기에 즉각적인 판단을 하고 정확한 개입을 해야 한다. 만약 위기개입자가 자해 및 자살과 관련된 전문적 지식이 부족하거나 경험이 부족할 경우, 위기개입 시 불안을 경험하게 되고 상황에 압도될 수 있기 때문에 스트레스로 인한 소진이 나타날 수 있다. 그러나, 위기상황은 늘 불규칙적이고 예측할 수 없는 상황에 직면하기 마련이다. 이러한 어려움은 지속적이고 정기적인 전문교육과 슈퍼비전을 받으면서 현장경험과 훈련을 쌓아가야만 해결할 수 있다.

4. 비자살적 자해의 위기개입 기법들

급박한 위기개입 시 다음과 같은 위기개입기법을 활용하는 것이 필요하다. 일반적인 상담장면에서도 도움이 필요한 내담자에게 적절한 심리상담을 제공하기 위해서는 많은 전문성과 경험이 필요한 것처럼 위기개입 또한 마찬가지다. 다만 예측할 수 없고 많은 변수에 대처해야 하는 현장에서의 위기개입자는 좀 더 전문적이고 체계적인 훈련이 요구된다. 위기개입 후 치료전문가에게 의뢰하여 적절한 치료적 개입을 하도록 연계할 때, 전문적이지만 기본적인 개입기법을 숙지하고 있다면 위기에 처한 사람들에게 전문적이고 효과적인 도움을 제공할 수 있을 것이다. 따라서 위기개입자는 전문적인 도움을 주는 것과 관련된 정기적인 교육과 훈련을 받아야 한다.

비자살적 자해에 대한 다양한 개입기법들이 있지만, 위기개입자는 구체적인 접근법이나 기술에 대해 살펴보기 전에 개입의 기본이 되어야 하는 부분은 무엇인지 살펴보아야 한다. 첫 번째, 비자살적 자해를 하는 원인과 동기를 분명하게 이해해야 한다. 이는 기능적 평가를 통해 자해를 하는 원인 혹은 동기가 정확히 평가되어야만 적절하고 효과적인 개입이 가능하기 때문이다. 두 번째, 부정적 정서에 대한 다양한 대처방법들을 알고 있어야 한다. 정서조절 방법으로 비자살적 자해를 선택하였을 때 부정적 정서에 대한 이해와 적절한 정서조절에 대한 대처를 하도록 해주어야 하기 때문이다. 세 번째, 문제해결방법을 제시할 수 있어야 한다. 자해에 대한 충동이 있을 때 자해가 아닌 더 적절하고 현실적인 방법을 위기에 처한 대상자와 함께 찾는 것이 중요하기 때문이다. 마지막으로, 자해충동이 있을 때 안전한 사람들에게 적절한 도움을 받을 수 있도록 자원과 정보를 자세히 제공하고 의뢰와 연계까지 할 수 있어야 한다. 일반적으로 사람들은 감정적으로 혹은 상황에 압도되었을 때 누구에게 혹은 어떤 도움을 구체적으로 받아야 하는지 판단하고 결정하는 것이 쉽지 않기 때문이다.

위기개입자는 장기간의 시간을 필요로 하는 교육이나 훈련 등을 위기에 처한 대상자들에게 제공하는 것이 주된 역할은 아니지만, 다음과 같은 다양하고 구체적인 위기개입 지식과 기술들을 숙지하고 있다면 위기상황에 따라 간단한 기술들을 적용할 수 있고 적재적소에 의뢰나 연계를 할 수 있을 것이다. 초기 위기개입이 적절하고 효과적으로 이루어지면 위기개입 후 치료나 개입 시 좀 더 나은 효과가 있을 수 있다.

비자살적인 자해행동을 하는 사람을 위한 구체적인 위기개입 기법이라 할 수 있는 기능적 측면의 개입, 정서조절 측면의 개입, 문제해결 측면의 개입, 대인관계 기술 측면의 개입, SAFER－R 모델, 4D 기법 등에 대한 구체적인 설명은 다음과 같다.

1) 기능적 측면의 개입

다른 임상적 문제들처럼 비자살적 자해의 개입은 구체적인 평가가 기반이 되어야 하며 이에 따른 개별적인 개입이 필요하다. 그러나 우울증과 불안장애 같은 다른 일반적인 임상적 문제들과 달리 비자살적 자해는 행동장애 증후군이다. 따라서 기능적 평가는 다양한 행동장애를 이해하고 개입하는

데 매우 중요하며, 비자살적 자해의 평가와 개입에서 우선되어야 한다(Hayes et al., 1996). 즉, 기능적 평가를 통해서 비자살적 자해의 동기와 강화를 하게 하는 요인들을 확인하고, 그에 맞는 적절하고 효과적인 위기개입 계획을 세워야 한다는 것이다. 개입 초기의 비자살적 자해의 기능평가를 위한 구체적 지침에는 비자살적 자해 기능 평가를 돕는 유용한 척도 사용을 포함할 수 있다. 그러나 이러한 평가는 척도나 질문지에 의지하여 일반화하는 것, 지난 기억을 소급하여 질문하기 때문에 기억의 오류가 있을 수 있다는 것, 현재의 상태는 과거와 다를 수 있다는 것을 반드시 염두에 두어야 하고, 반드시 직접적 면담과 상호 보조적으로 적용해야 한다.

위기개입자는 라포가 형성된 후에 척도를 사용하는 것이 효과적이고, 나온 결과와 더불어 비자살적 자해를 하는 사람들이 하는 이야기를 통해 확인하는 것이 저항을 줄이고 정확한 동기를 찾을 수 있다(Ⅰ장 6. 비자살적 자해의 원인 및 동기와 Ⅲ장 3. 비자살적 자해에 대한 개입의 기본적인 태도와 지침 참조).

기능적 측면에서의 접근 방법을 구체적으로 설명하면 다음과 같다.

① 전략적 대처의 기능으로 비자살적 자해를 하는 경우: 위기개입자는 위기에 처한 사람이 현재 어려움을 겪고 있는 스트레스 상황에서 대안을 찾는 방법들을 도와야 한다. 예를 들면, 자해충동이 생겼을 때 위기대상자가 어떤 방법으로 통제하고 있었는지 확인하고, 그 방법을 유지하면서 현실적으로 사용 가능한 방법들(창문을 열고 복식 호흡하기, 밖으로 나가기, 친한 친구에게 전화하기, 부엌으로 가서 물 마시기, 조용한 음악 듣기 등)을 위기개입자와 함께 정리해 나가는 것이다. 또한, 충동이 가라앉고 나서 취할 행동들을 목록화 하는 것도 효과적인 방법일 수 있다. 스트레스를 예방하는 차원에서 운동하기(농구, 축구, 걷기, 등산 등), 자신이 해결할 수 없을 것 같은 상황이라 인식되면 도움을 청할 수 있는 주위에 안전하고 믿을 수 있는 사람을 정하기(가족, 선생님, 목사, 신부, 선배, 도움을 줄 수 있는 지인 등), 자신의 욕구를 건강하지 못한 방법이 아닌 적절한 방식으로 이야기할 수 있는 자기주장 훈련

등을 교육할 수 있다.

② **감정조절의 기능으로 비자살적 자해를 하는 경우:** 위기개입자는 현재 극도로 각성되어 있는 감정을 낮추는 작업을 해야 한다. 가장 우선되어야 하는 것은 분노로 인해 공격성을 보이는 경우, 안전을 확보하는 것이다. 그리고 격앙된 분노를 나타내는 경우는 무조건 안정을 취하라고 하는 것이 도움이 되지 않는다. 반복적으로 강조하지만, 그들의 이야기를 인내심을 가지고 들어야 한다. 그 이야기가 이해가 가지 않고 논리적이지 않더라도 그들의 논리를 따라 이해하고 공감해주려는 노력을 보이는 것이 가장 효과적일 수 있다. 그런 과정을 지나면 어느 정도 감정조절이 되기 시작하고 감정의 균형을 찾아갈 수 있다. 이후, 위기개입자는 그들에게 부정적인 감정을 조절할 수 있는 방법들을 교육하거나 정보들을 제공할 수 있다. 일반적으로, 비자살적 자해를 하는 사람들은 자신의 감정이 어떠한 것인지 지각하지 못하는 경우가 많다. 그래서 부정적 감정을 느끼는 것조차 회피하고 다른 행동으로 대체하려는 경향이 있기 때문에 이러한 부분을 인식할 수 있도록 돕고, 자신의 감정을 알아차리는 마음챙김 등을 교육시키는 방법, 감정을 명명화할 수 있는 방법, 상황에 알맞게 감정을 적절히 표현하는 방법 등을 간단하게라도 알려주는 것이 많은 도움이 될 수 있다.

③ **감각추구를 위한 기능으로 비자살적 자해를 하는 경우:** 위기개입자는 자해행동이 그저 자극을 추구하기 위한 것인지, 무감각함을 깨우려 하는 것인지를 구별해야 한다. 자해가 자극만을 추구하기 위한 기능이라면 상처의 고통을 통해 감각을 즐기고 유지하기 위해 상처치료를 지연하고 있는지, 2차 감염의 위험은 없는지 등을 확인할 필요가 있다. 이러한 경우는 대체행동을 찾아주는 것이 가장 좋은 방법이지만 사실 이 자극보다 더 강한 자극을 발견하기 전까지 자해행동을 단기

간에 그만두는 것이 쉽지 않다. 충동이 있을 때 집중을 분산시키는 방법, 자해행동 외의 대체행동(껌 씹기, 샤워하기, 운동하기 등)을 만드는 방법과 그 행동을 강화할 수 있는 강화물(게임을 하게 해주는 것, TV보는 시간을 늘려주는 것, 집안일에서 일부 제외시켜주는 것 등) 등을 제공할 수 있다. 다른 행동을 지속적으로 대체함으로써 자신이 하는 자해행동의 자극을 조금씩 희석시키는 개입방법이라 할 수 있다. 만약 자신의 정체성 혼란이나 무감각함을 깨기 위한 기능을 위해 자해행동을 하는 것이라면 심리적 접근으로 개입하는 것이 더 효과적이다. 정서적으로 수용 받지 못하고 욕구가 억제되어 표현되지 않았거나 무시되어져 무감각함을 느끼는 경우가 있고 어린 시절 정서적·신체적·성적 학대가 있었을 수 있으며 심한 외상을 가지고 있을 수도 있다. 이렇듯 심리적인 개입이 필요한 경우, 위기개입자는 심리적 개입이나 치료를 위한 의뢰나 연계를 할 수 있다.

④ **자기 통제감 획득을 위한 기능으로 비자살적 자해를 하는 경우:** 위기개입자는 위기개입 대상자에게 실현 가능한 대체행동들을 선택하게 하고, 지속적으로 성취감을 경험할 수 있게 한다. 대신 대체행동은 아주 작고 구체적이며 실시하는 데 현실적으로 가능한 것들로 구성해야 한다. 성취한 것들에 대해서는 충분히 지지해주고, 실패하였을 때는 그럴 수도 있다는 타당화를 해주는 것이 필요하다. 무엇보다 중요한 것은 가능하면 위기개입 대상자가 작은 성취감과 통제감을 자주 경험하게 해주는 것이 중요한데, 강도보다는 빈도가 높은 것이 더 효과적이다. 또한, 비자살적 자해를 하는 사람들의 경우 자신이 원하는 것과 현재 할 수 있는 것 사이의 차이가 클 수 있는데, 이러한 부분을 이해시키고 인정하도록 하는 것 또한 중요한 접근방법이라 할 수 있다.

⑤ **의사소통의 기능으로 비자살적 자해를 하는 경우:** 위기개입자는 위기개입 대상자에게 위기개입을 할 때 교육의 방식을 택하는 것이 효과적

일 수 있다. 위기에 처한 경우 자신이 표현하고자 하는 것을 언어적으로 표현하기 힘들고, 원하는 것을 솔직하게 표현하는 방법을 잘 알지 못한다. 이러한 불편함과 스트레스를 비자살적 자해행동으로 표출하여 자신의 욕구를 해결하려는 것이므로 적절하게 자신의 생각이나 감정을 표현할 수 있는 방법을 교육하는 것이 도움이 된다. 자기주장 교육이나 나 전달법(I−message)[1] 등 위기개입자가 할 수 있는 선에서 간단한 교육을 실시하는 것이 위기개입 대상자에게 유용하다.

⑥ 자기처벌의 기능으로 비자살적 자해를 하는 경우: 위기개입자는 최대한 위기개입 대상자의 수치심, 죄책감 등의 내적 심리를 이해하고 수용해주어야 한다. 자신을 가치 없게 생각하고 폄하하며 자신이 벌을 받아야 마땅하다고 생각하는 인지적 상태를 확인해 보아야 한다. 왜 그렇게 생각하는지 이야기를 들어주면서 그 생각을 억지로 수정하거나 논리적으로 반박하지 않는 것이 위기개입자에게 마음의 문을 열게 되는 방법이다. 따라서 이 기능 또한 그들의 이야기를 들어주면서 그럴 수 있겠다는 정상화와 동시에 그 마음을 읽어주려는 노력이 위기개입 대상자에게 전달되어야 한다. 최대한 감정적 반영을 하고 그 마음을 충분히 읽어주는 노력을 해야 한다. 그런 과정에서 자기용서 프로그램을 실시할 수 있는 과정이 있다면 더욱 효과적일 수 있다. 이는 자기를 있는 그대로 이해하고 수용하며 자신에게 너그러워질 수 있도록 자기자비를 가지도록 돕는 것이다. 이후에는 그들의 강점을 발견하도록 돕는 것이 효과적이며, 가치 있는 한 사람이라는 것을 스스로 깨닫도록 하는 것이 도움이 될 수 있다. 이러한 과정은 단기간에 실시하긴 어렵기 때문에 간단한 작업 후에는 심리상담 혹은 의료적 연계를 실시하는 것이 효과적이다.

---

1) **'나 전달법(I-Message)'**은 효과적으로 다른 사람에게 자신의 감정과 생각을 전달하는 방법으로 상대방의 감정을 상하게 하지 않으면서 자신의 욕구를 표현하여 상대방 스스로 행동을 수정할 수 있도록 하는 효과적인 표현기법을 말한다.

2) 정서조절 측면의 개입

비자살적 자해에 대한 개입의 대부분은 정서조절에 초점을 맞춘다(Gratz, 1993; Linehan, 1993; Miller, Rathus, & Linehan, 2007; Walsh, 2006). 실제로 많은 연구들에서 반복해 비자살적 자해를 하는 사람들은 비자살적 자해를 하지 않는 사람들에 비해서 정서조절 대처기술이 빈약하며 부정적 감정의 강도와 빈도가 높다고 보고하고 있다(Gratz & Roemer, 2004; Klonsky et al., 2003). 또한, 비자살적 자해를 하는 사람들은 감정적 지각과 명료함이 유의미하게 낮으며, 감정회피 대처전략을 사용하고, 감정적으로 비수용적임을 보여준다(Andover, Pepper, & Gibb, 2007; Grarz & Roemer, 2008; Muehlenkamp et al., 2010).

대부분의 비자살적 자해에 대한 개입의 목표인 정서조절은 다른 감정들을 자극하는 환경과 개인 내적 사건들(사건해석)에 따른 감정적 경험(심리적, 행동적, 주관적)의 다른 측면을 어떻게 확인하는지에 대한 심리적 교육이 필요하다.

비자살적 자해를 하는 사람들에게 심리적 교육이 필요한 주제는 다음과 같다.

① **감정의 기본적인 수준과 특성 교육:** 서로 다른 정서적 측면을 확인하여 단어를 목록화하는 것이 유용하다. 예를 들어, 슬픔을 느끼는 사람이 생리적 감각을 확인하고(무거운 팔, 머리, 근육긴장 등), 감정과 관련된 행동들(고립, 울음, 침대에 머물기) 등을 인식하며, 슬픔의 다양한 강도에 대한 수준들을 인식하도록 하는 것이다. 더 나아가 화가 나는 감정을 느끼게 한 사건(친구가 자신을 무시하는 말을 함)과 그 사건을 어떻게 해석하는지('엄마는 나를 사랑하지 않아. 아무도 날 사랑하지 않아')를 확인할 수 있도록 격려하는 것이다. 이러한 경험들은 비자살적 자해를 하는 사람들의 감정의 지각, 생각과 정서의 관계, 감정적 어휘 확장 등을 향상시키는 데 도움을 줄 수 있다. 이를 통해 감정의 명료화, 그들의 감정을 효과적으로 표현하기 위한 능력 모두를 향상시킬 수 있다.

② **적응적 가치와 정서적 기능 교육:** 위기개입에서 비자살적 자해를 하는 사람에게 그 행동의 기능(동기, 이유) 혹은 목적(정보 제공하기, 타인과 의사소통하기, 자신의 행동 준비하기), 사건경험과 관련된 그들의 감정을 확인하는 것이 매우 중요하다. 긍정적, 부정적 감정들의 균형의 중요성과 그 감정들 모두가 자연스러운 것이라는 사실을 강조하고, 특히 부정적 감정의 경험 등을 피하지 않고 느껴보도록 하는 것이다. 일상에서 감정의 역할과 기능을 이해하고 확인할 수 있게 하는 것은 감정적 수용, 특히 부정적 감정의 수용이 증가하는 데 도움이 될 수 있다.

③ **감정적 취약성을 감소시키는 교육:** 비자살적 자해를 하는 사람들은 부정적인 감정에 더 민감하고 그들의 생물학적 항상성이 손상되었을 때 감정에 격하게 반응하여 충동적으로 행동할 가능성이 더 크다(Lynch et al., 2007). 따라서 비자살적 자해행동을 하는 사람들에게 신체적 질환, 수면부족 혹은 과다, 영양부족, 체력의 저하, 약물 등 취약성을 촉발하는 것들이 있는지 확인하도록 하고, 그들의 취약성에 따라 감정적 반응을 감소시키는 데 도움을 줄 수 있는 일상생활의 태도를 변화(영양섭취, 수면시간 조절 등)시키는 것을 위기개입자와 함께 작업해 보는 것이 도움을 준다.

④ **부정적 감정을 수용하고 참는 능력증진 교육:** 비자살적 자해를 하는 사람들에게 다양한 고통을 참는 기술을 교육하는 것은 건강한 감정조절(healthy emotion regulation)을 할 수 있도록 돕는 것이다(Linehan, 1993). 고통을 참는 기술은 감정을 수용하고 고통을 '잘 참고 견디는 것(ride out)'을 격려하는 것으로 그들이 감정적 고통을 잘 견디도록 위기개입자가 돕는 것이다. 또한 고통을 견디는 기술은 부정적 정서의 강도와 기간을 감소시키는 데 도움을 줄 수 있다. 이러한 기술은 감정적 수용을 증진시키는 것을 학습하고 자신이 경험하는 감정에 대해 자기타당화하는 것을 포함하며 자기감정을 긍정적으로 수용하도록 돕는 것이

다. 감정적 타당화는 의도적으로 경험한 감정을 허락하는 것은 물론이고 감정수준을 확인하는 것을 필요로 한다. 비자살적 자해를 하는 사람은 특정의 감정을 느끼는 것을 두려워할 수 있으며 그 감정이 틀리다고 생각한다. 따라서 비자살적 자해를 하는 사람들이 경험한 감정을 타당화하는 것을 배우는 것은 감정수용에 있어서 매우 중요하다.

⑤ 감정적 고통과 이차적 감정[2)]으로부터 기인하는 고통과 감정적 회피를 구별할 수 있는 교육: 비자살적 자해행동을 하는 사람들이 감정적 타당화와 수용을 학습함으로써 고통(distress)을 견디는 기술이 고통을 중재하거나 비자살적 자해와 같은 충동적 행동을 하는 것을 피할 수 있도록 한다. 예를 들어, 화가 났을 때 관심분산(산책하기, 청소, TV 시청, 친구 만나기 등)을 하는 행동을 증가시키거나, 자기진정 행동(호흡, 따뜻한 차 마시기, 향 맡기 등)을 하는 것은 감정적 고통을 견디는 데 도움을 줄 수 있다.

⑥ 즐거운 감정을 지각하는 것을 증가시키는 교육: 긍정적 경험을 확대하는 방법을 배우는 것 또한 중요하다. 이러한 접근을 통해 내담자의 정서적 삶의 균형을 좀 더 강화시키고, 긍정적인 정서경험을 증가시킬 수 있을 것이다. 긍정적 정서를 향상시킬 수 있는 구체적 기술로는 행동적 활성화[3)], 보상을 통한 격려, 즐겁고 건강한 행동 혹은 활동 증가시키기, 일기 쓰기, 하루에 세 가지 긍정적 감정 쓰기, 사건을 경험한 후 마음 챙김을 하도록 하는 것 등이 효과가 있다.

---

2) 분노, 죄책감과 같은 일차적 감정에 반응하는 부정적 감정.

3) 행동적 활성화(behavioral activation)는 인지행동치료의 구성요소 분석에서 나타났다. 이 분석은 우울증의 전반적인 치료에 인지구성 요소가 거의 없다는 것을 발견했다. 행동구성 요소는 Peter Lewinsohn의 초기 연구에서 독립실행형 치료법으로 존재했기 때문에 행동주의 그룹은 장애에 대한 보다 순수한 행동 치료를 추구하는 것이 더 효율적일 수 있다고 결정했다. 이 이론은 충분한 환경 보강이나 너무 많은 환경적 처벌이 우울증에 기여할 수 없다고 주장한다. 개입의 목표는 환경 보강을 강화하고 처벌을 줄이는 것이다.

이러한 정서적 접근의 개입을 하고 나면, 삶을 위한 가치 있는 방향과 목표를 확인하도록 하는 과정이 필요하다. 삶의 의미를 찾고 목표를 구체적으로 수립하며 그 과정에서 성취감을 가질 수 있도록 하는 접근은 장기적으로 효과적이다. 그리고 이러한 목표를 달성하기 위한 단계와 관련된 구체적인 방법들을 찾도록 해주는 것이다. 희망은 먼 곳에 있는 것이 아니라 현실적으로 실현 가능한 목표를 세우고, 그 목표를 이루기 위한 방법들(pathway)을 찾아가는 것이며, 그 방법들을 만들어 가고 구현하는 과정에서 자기효능감을 찾는 것이다. 이러한 과정에 대한 교육은 장기적으로 자해행동을 중단할 수 있는 방법일 것이다. 그러나 위기개입의 초기에는 이러한 개입이 위기개입 대상자에게 강한 저항을 불러일으킬 수 있다. 정서적 안정과 균형이 자리 잡고 자신의 자해행동에 대한 인식과 감정조절이 가능해지는 개입 후반기에 효과가 있을 수 있다.

따라서 위기개입자는 이러한 과정을 이해하고 적절한 시기에 개입할 수 있는 기회가 있을 때 사용하는 것이 효과적일 수 있다. 이러한 과정은 위기개입 과정에서는 어려울 수 있기 때문에 위기개입자는 이러한 개념정도를 알려주고 심리상담사에게 의뢰하여 연계하도록 하는 것도 효과적일 수 있다.

3) 문제해결 측면의 개입

비자살적 자해를 하는 사람들은 일반인에 비해 문제해결 능력이 부족한 것으로 알려져 있다. 녹과 멘데스(Nock & Mendes, 2008) 연구에서는 자해를 하는 청소년들과 그렇지 않은 청소년들 중에서 문제해결 능력이 부족하거나 문제를 해결하는 결과의 질 등이 부족한 경우를 비교했을 때 유의미한 차이가 없는 것으로 나타났다. 그러나 비자살적 자해를 하는 청소년들은 좀 더 유의미하게 부정적 해결방법을 선택하고, 비자살적 자해를 하지 않는 또래보다 훨씬 부적응적 해결방법을 선택하며, 낮은 자기효능감을 나타낸다. 특히, 비자살적 자해를 하는 청소년들이 심리적으로 고통스러울 때 다양한 해결방법들이 유의미하게 감소되는 것을 발견하였다. 최근 연구에서는 통합적 문제해결이 비자살적 자해의 개입으로서 유용하다는 것을 보여준다

(Muehlenkamp, 2006). 따라서 비자살적 자해를 하는 사람들에게 문제해결 기술을 교육하는 것은 기본적인 대처기술을 향상시키는 것을 도울 수 있으며, 비자살적 자해의 촉발요인들을 이해하게 해주고, 비자살적 자해행동이 진행될 때 심리적 고통 수준이 증가하기 전에 해결하도록 하는 능력을 향상시킬 수 있다.

문제해결 측면의 개입은 문제해결 과정의 기본적 단계를 교육하는 것으로 내용은 다음과 같다.

① 문제 확인: 현재 자신이 경험하는 어려움, 도전해야 할 정서, 인지, 행동에 대한 반응들을 스스로 인식하고 확인하는 것이다.
② 원하는 목표 정하기: 자신이 원하는 자기모습을 스스로 정해보는 것이다.
③ 해결방법을 위한 브레인스토밍: 자신이 원하는 모습이 되기 위해 어떤 방법들이 필요한 것인 지에 대해 모두 내어놓고 펼쳐보는 것이다.
④ 해결방법에 대한 평가: 브레인스토밍한 내용들 중 자신이 현실적으로 할 수 있는 것들인지에 대해 하나하나 평가하여 할 수 있는 방법들을 정하고 목록화하는 것이다.
⑤ 시행: 평가를 거쳐 목록화한 방법들을 실제로 시행해 보는 것이다.
⑥ 선택한 방법의 성공 평가: 시행 후 결과에 대해 스스로 평가해보는 것이다. 그 결과가 긍정적인 경우에는 그 효과에 대해 평가하고 자신에게 선물을 주게 할 수 있고, 성공하지 못한 경우에는 실망하지 않고 스스로에게 용기를 줄 수 있도록 하며, 성공하지 못한 원인을 탐색하고 수정하도록 하는 것이다.

비자살적 자해를 하는 사람들에게는 위의 방법과 같이 가능한 해결방법을 스스로 만들 수 있도록 돕고, 그들이 만들어낸 선택의 잠재적 결과("당신이 이것을 하게 되면 어떻게 될 것 같은가요?", "이 해결방법이 당신, 타인, 당신과 관련된 사람들에게 어떻게 영향을 줄 것 같은가요?"등의 질문)를 통해 그들이 스스로 생각해 볼 기회를 제공할 수 있다. 이러한 생각들은 더 긍정적이고 적응적으로 해결방법을 수행할 수 있는 능력을 향상시킨다. 해결방법을 실행하면서 발생할 수 있는 장애물들을 제거하는 방법은 물론, 선택한 방법의 실효성을 이야기하도록 하는 것은 그들의 적응적인 해결방법을 구현하는 데 있어서 자기효능감을 증가시킬 수 있다. 또한, 비자살적 자해를 하는 사람들이 해결방법이 부족할 때 역할극 혹은 기술 연습 등을 해 볼 수 있다. 비자살적 자해를 하는 사람들이 적응적 문제해결 기술을 향상시키기 위해서는 위기개입자가 한 번 시행한 해결방법에 대한 결과를 평가하는 것 또한 중요하고, 미래에 유사한 해결방법에 대해 좀 더 나은 평가를 하도록 그들을 돕는 것이다. 마지막으로, 문제해결 기술은 특정한 문제에 대한 반응으로 비자살적 자해 외에 다른 방법을 확인하도록 자해행동을 하는 사람들을 지원하는 것이다. 예를 들어, 비자살적 자해를 하도록 한 사건의 원인을 논의할 때, 위기개입자는 "이러한 사건·상황에서 다른 어떤 해결방법이 있을까요?"라는 질문을 할 수 있다. 이러한 질문을 통해 위기개입자는 비자살적 자해를 하는 사람과 미래에 비자살적 자해행동을 예방할 수 있도록 사건의 고리에서 어떤 적응적 해결방법을 시행할 수 있을지 이야기해보고, 이러한 해결방법을 실제로 연습해보는 것이다.

문제해결 측면의 개입은 보다 구체적인 시행방법을 만들고 스스로 평가해보는 과정을 거치게 된다. 이러한 개입 또한 개입 초기의 격렬한 부정적 정서 상태에서는 효과적이지 않다. 정서적·인지적으로 정상화되었을 때 사용하는 것이 효과적일 수 있다. 따라서 위기개입자는 초기개입에서 우선 정서적 안정을 한 후에 문제해결 측면 개입을 고려해야 한다. 그러나 문제해결 측면의 개입은 거창하고 장시간의 시간을 필요로 하지 않을 수 있기 때문에 이러한 개입을 시도해 보는 것도 유용할 수 있다.

4) 대인관계기술 측면의 개입

비자살적 자해에 대한 이론적·경험적 연구에서 비자살적 자해에는 사회적 동기가 관련되어 있다고 보고하고 있다(Health et al., 2009; Klonsky, 2007;

Klonsky & Glenn, 2009; Nock, 2008; Mock & Prinstein, 2004, 2005). 비자살적 자해의 원인에는 대인관계 기능이 있는데, 실제로 비자살적 자해를 하는 사람들은 대부분 의사소통 능력이 부족하고 타인에게 효과적인 도움을 추구하는 것이 매우 부족하다(Prinstein et al., 2009). 녹(Nock, 2009)의 연구에서도 비자살적 자해를 하는 사람들은 그들이 도움추구를 하려고 하거나 타인에게 고통을 이야기하려고 할 때 실패한다는 대인관계에서의 어려움을 주장하였다. 힐트(Hilt) 등(2008)의 연구에서도 비자살적 자해를 하는 젊은 사람들은 비자살적 자해 후 18개월에 걸쳐 아버지–자식 관계의 질이 일시적으로 향상된 것을 발견하였다. 이러한 연구결과들은 비자살적 자해행동에는 대인관계적인 요인이 강력한 영향을 준다는 것을 보여주는 것이다. 즉, 자살시도를 포함한 자해행동은 단기적으로 주위에서 관심을 가지도록 하고, 타인으로부터 지지를 증가시키는 결과를 가지고 오기 때문에 결국, 자해행동의 대인관계적인 기능이 강화된다는 것이다. 따라서 비자살적 자해행동에 대한 위기개입은 대인관계적 기능을 반드시 평가한 후 개입이 이루어져야 한다.

비자살적 자해를 하는 집단은 그렇지 않은 집단과 비교할 때 사회적 지지가 낮고(Health, 2009; Wichstorm, 2009), 일반적인 대인관계 기술의 부족은 물론 사회적 지원망으로부터 효과적인 도움 추구와 관련된 능력이 부족한 것으로 보인다. 이러한 결핍을 보이는 사람들에게는 의사소통 기술이 포함된 교육이 중요하다.

대인관계 측면의 개입에서 자신의 의견이나 감정을 잘 표현하도록 하는 교육은 다음과 같다.

① DBT(Linehan, 1993)[4]: 자해를 하는 사람들에게 대인관계 기술을 교육하는 데 매우 유용하다. 이 치료법은 비자살적 자해를 하는 사람에게

4) **변증법적 행동치료**(DBT)는 경계선 성격장애(BPD)로 고통 받는 사람들을 돕기 위해 만들어진 증거 기반의 심리요법이다. 기분장애뿐만 아니라 자해, 자살충동 및 약물남용과 같이 도움이 되지 않는 행동 양식을 변경해야 하는 사람들을 치료하는 데 사용되었다. 이 접근법은 반응상태로 연결되는 유발 요인에 대해 학습하고 피할 수 있는 일련의 사건, 생각, 감정 및 행동에 적용할 대처기술을 평가하는 데 도움을 줌으로써 사람들이 감정적 및 인지적 규제를 강화하도록 돕기 위해 고안되었다.

자신의 고통을 타인에게 효과적으로 표현할 수 있도록 교육하고 그들의 정서조절 기술(감정 명명화)을 구축하는 데 도움을 준다. 구체적으로는 다음과 같은 방법들이 포함된다.

– 관점을 이야기하는 방법
– 비판단적인 태도로 이야기하는 방법
– '나 전달법'

추가적으로, 비자살적 자해를 하는 사람이 다른 사람들에게 어떻게 도움을 요청할 수 있는지, 특히 '돌이킬 수 없는 시점(point of no return)'을 지나기 전에 대인관계 결핍을 어떻게 타협하고 해결하는지에 대해 교육하는 것이 비자살적 자해를 하게 하는 대인관계적인 스트레스 원인들을 감소시킬 수 있다. 또한 비자살적 자해를 하는 사람들은 불안이 높고 자존감이 낮기 때문에 적응적이고 적극적인 기술들을 교육하는 것이 필요하다. 이러한 방법들은 현실적으로 위기개입자가 단기간에 개입하는 것이 어려울 수 있지만 간단한 의사소통 방법들은 사용해 보는 것이 유용할 수 있다.

5) 4D 기법[5)]

위에서 언급했던 많은 기법들은 위기개입자가 짧은 시간에 적용하기에는 현실적으로 어려운 개입방법들일 수 있다. 이러한 개입방법들은 현실적으로 어려움이 있고, 위기개입자 원래의 역할보다 매우 확대되는 면이 있다. 다만, 위에서 설명한 개입방법에 대한 이해를 하고 있을 때 의뢰나 정보를 효과적으로 제공할 수 있고 초기에 적절한 방향으로 잡아주어 개입 후에 더 나은 결과를 나타나게 할 수 있다. 다만 위기개입자에게는 비자살적 자해를 하는 대상자가 자해충동이 있거나 시행하기 직전에 적용할 수 있는 간단하고 효과적인 기법들이 필요하다. 위기개입자가 비자살적 자해행동을 한 사람들에게 시간을 끌면서 자해충동을 가라앉히고 지연시킬 수 있는 방법

5) Suicide & Self-Injury Prevention Workbook: A Clinician's Guide to Assist Adult Clients & Teen Suicide & Self-Harm Prevention Workbook: A Clinician's Guide to Assist Teen Clients, Self-Injury Behavior Survey(2019) 참조.

(Delay), 자해충동이 있을 때 다른 행동으로 격한 감정을 일시적으로 분산시키는 방법(Distract), 자해행동 대신 할 수 있는 대체행동으로 전환시키는 방법(Divert), 마지막으로 극단적이고 격한 감정을 진정시킬 수 있는 방법(Defuse)을 설명하고 있는 4D 기법은 다음과 같다.

① 지연시키기(Delay): 비자살적 자해는 압도되는 감정을 즉각적으로 해소하고자 하는 것이고 시간제한적인 특성이 있다. 따라서 그 순간에 자해행동을 지연시킬 수 있다면 감정이 가라앉은 후에는 자해행동을 하지 않을 가능성이 높다. 예를 들면, 위기개입자가 대상자에게 이야기를 시키면서 시간을 끌어 과각성되어 있거나 흥분된 감정 등을 가라앉히는 시간을 버는 것이다. 일단 자해행동을 지연시키는 개입을 통해 대부분은 충동성과 공격성이 가라앉고 감정적 균형을 찾아가게 된다. 지연시키기 과정은 그들에게 최대한 이야기를 할 수 있도록 하는 것이 중요하고, 지금 가장 힘든 점에 대해 질문하거나 현재 어떤 이야기가 제일 하고 싶은지를 유도하면서 자해충동을 지연시키거나 소거시키는 과정이다.

② 주의분산하기(Distract): 견딜 수 없다고 느끼거나 압도되는 감정으로 인해 비자살적 자해행동의 욕구가 있을 때, 위기개입자와 미리 수립해 놓았던 방법들을 활용하여 그 충동을 분산시키는 것이 도움이 될 수 있다. 예를 들어 껌을 씹는 것, 좋아하는 음악을 크게 트는 것, 창문을 열고 복식호흡을 하는 것, 앉아서 명상을 하는 것, 큰소리로 숫자를 세는 것, 찬물로 세수하는 것, 레몬을 먹는 것, 얼음을 깨물어 먹는 것 등 당장 할 수 있고 접근성이 좋은 방법으로 그 순간의 감정과 생각들을 분산시키는 방법이다. 이와 같은 생각과 감정을 분산하는 방법들은 위기개입 대상자와 개입자가 협력적으로 수립해놓아야 하고, 위기개입 대상자에게 통제감을 제공하기 위해 선택권을 많이 주는 것이 효과적이다.

③ **전환하기**(Divert): 자해와 비슷한 효과를 가질 수 있는 장기적 대안활동을 찾아보는 것이다. 예를 들면, 감정조절이 어렵거나 힘들 때 할 수 있는 행동들을 미리 수립해놓고 자해행동과 비슷한 역할을 하는 행동으로 바꾸어 보는 것이다. 규칙적인 운동을 해보는 것, 악기를 배워보는 것, 식물을 키워보는 것, 해보고 싶었던 취미생활을 시작해 보는 것 등으로 비자살적 자해 대신 다른 행동으로 전환을 시켜 보는 것이 필요하다. 이 방법 또한 위기개입 대상자와 개입자가 협력적으로 수립해놓아야 하고, 위기개입 대상자에게 통제감을 제공하기 위해 선택권을 많이 주는 것이 효과적이다.

④ **진정하기**(Defuse): 격렬해지거나 압도되었던 감정들을 진정하도록 하는 것이다. 예를 들어, 창문을 열고 복식호흡을 하는 것, 조용한 음악을 들으며 가만히 앉아 있어보는 것, 따뜻한 이불로 몸을 감싸보는 것, 따뜻한 물을 받아 탕에 들어가는 것, 자신의 손과 발을 마사지 해보는 것, 호흡을 통한 명상을 하는 것 등이다. 이렇듯 자신을 조용히 진정시킬 수 있도록 하는 것이다. 위기개입에서는 이러한 방법들을 제공하고 대상자가 할 수 있는 방법들을 정하는 것이 좋으며, 장기적으로는 자기조절이 되어야 하므로 반복적이고 지속적인 훈련이 필요하다는 것과 이와 관련된 정보를 제공하여야 한다.

5. 추수개입

비자살적 자해는 행동의 변화가 있어야 궁극적으로 위기개입의 효과가 있다고 할 수 있다. 기본적으로 행동의 변화는 반복적인 훈련과 심리적 변화가 병행되어야 하기 때문에 상당한 시간이 필요하다. 비자살적 자해에 대한 위기개입이 효과적이었다고 해도 위기개입의 효과가 유지되는 것은 매우 어렵다. 비자살적 자해를 유발했던 환경이 변화되지 않거나 스트레스 상황이 반복되었을 때 비자살적 자해행동을 지속하는 것을 예측하는 것은 어렵지 않다. 반복되는 자해행동은 위기개입 대상자에게 자기비판, 수치심, 좌절감을 경험하게 하여 자해방법을 좀 더 다양화하거나 치명성이 높아질 가능성이 높아진다. 비자살적 자해에 대한 위기개입이 성공적으로 종결되었다 해도 정기적으로 확인하는 것은 위기개입 대상자에게 지속적인 관심을 표현하는 것일 수도 있고, 잊고 있던 대안들을 확인하고 수정할 수 있는 기회가 될 수도 있다. 따라서 추수개입은 위기개입에 있어 기본적인 과정이고 반드시 포함되어야 할 중요한 과정이다.

비자살적 자해 위기개입의 실제

위기관리총서 시리즈 9

IV

비자살적 자해의 이해와 개입

비자살적 자해 위기개입의 실제

비자살적 자해의 위기개입은 위기개입 대상자의 신체에 직접적인 손상이 있을 수 있고, 방치하는 경우 생명과 연관이 있을 수 있어 안전 확보가 가장 우선되어야 한다. 또한, 현장에서의 급박함과 여러 가지 변수에 대처해야 하므로 수많은 이론에 근거한 매뉴얼대로 개입하는 것이 매우 어렵다. 따라서 간단하지만 신속하고 핵심적인 과정을 포함한 방법으로 비자살적 자해에 대한 위기에 개입하는 것이 필요하다. 이를 위해 앞서 언급했던 과정들을 간단하게 요약한 1) 4D 기법을 활용한 비자살적 자해의 위기개입, 2) SAFER－R MODEL을 활용한 비자살적 자해 위기개입을 소개하고, 두 가지 기법에 기반한 위기개입의 실제를 소개할 것이다. 위기개입자들은 현장에서 접할 수 있는 위기상황의 특수성과 개별성 때문에 한 가지 모델에 근거하여 위기개입을 할 수는 없지만 기본적인 지침과 매뉴얼을 가지고 있다면 위기상황에서의 불안과 압박감은 감소될 것이다.

1. 비자살적 자해의 위기개입 과정과 4D 기법 활용

위에서 언급되었던 위개개입 과정을 토대로 하여 4D 기법을 활용한 비자살적 자해의 위기개입 과정은 다음과 같다. 이러한 절차를 일반적인 기준으로 삼고 위기개입에 참여하면서 위기의 개별적 특성과 현장의 특성을 고려해야 한다. 비자살적 자해의 위기개입 과정과 내용을 정리하면 다음과 같다.

비자살적 자해의 위기개입 과정

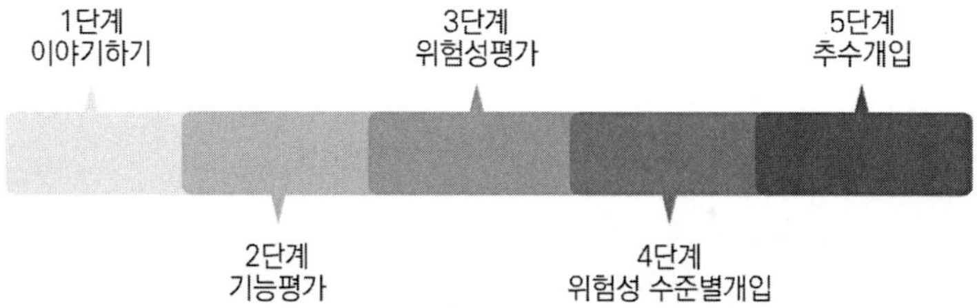

1) 이야기하기

비자살적 자해에 대한 위기개입에서 라포는 단시간에 강하게 형성되어야만 효과적으로 개입이 실시될 수 있다. 우선 위기개입자는 위기개입 대상자가 자신의 자해행동을 비밀에 부치려 한다는 것과 자신의 비자살적 자해행동에 대해 타인이 편견을 가지고 부정적으로 바라볼 것이라 생각하고 있다는 점을 분명히 인식하고 있어야 한다. 위기개입자는 비자살적 자해행동 자체에만 초점을 맞추지 않고 그 기저에 있는 분노, 수치심, 자기비판, 자괴감, 외로움 등의 심리적 측면을 이해하도록 노력하면서 일치성과 진실성을 가지고 공감적 태도로 위기개입에 임해야 한다.

따라서 위기개입자는 그 자해행동에 대해 편견을 가지지 않도록 하고 조언이나 판단을 하지 않도록 한다. 그리고 개입 첫 단계에서 자해행동에 대해 중지하기를 요구하는 것은 지양해야 한다. 최대한 그 자해행동에 초점을 맞추지 않고, 그 행동 이면의 마음을 읽어주려는 노력을 해야 하며, 비판단적으로 이해해주고자 하는 마음이 비자살적 자해행동을 하는 사람에게 전달되어야 한다. 그래야만 그 자해행동의 기능이나 위험성 수준을 정확히 탐색할 수 있다. 이 과정에서 그들의 이야기를 최대한 많이 들어주면서 라포 형성, 기능평가, 위험성 수준 등을 파악할 수 있도록 해야 한다.

자기소개를 한다.

자해로 인해 어려움이 있다고 들었어요. 자해에 관해서 어떤 이야기라도 상관없어요. 이야기하고 싶은 것을 이야기하시면 됩니다. 천천히 시간을 가지셔도 괜찮습니다.

자해를 하는 것에 대해서 다른 사람들이 어떻게 생각할지 걱정하는 것 같네요. 괜찮습니다. 자해를 할 만큼 힘든 마음을 이야기해 보시겠어요? 이야기하는 것만으로 마음이 편해질 수도 있으니까요.

2) 기능평가

Ⅱ장 1, 비자살적 자해의 위험성 평가에서 설명하였듯이 위기개입 대상자의 이야기를 들으면서 가장 먼저 자해행동의 기능 즉, 동기와 원인을 탐색해야 한다. 비자살적 자해행동이 관심을 끌려고 하는 것인지, 감각을 추구하고자 하는 것인지, 정서조절의 방법으로 하는 것인지 등과 같은 핵심적인 기능을 확인하도록 한다. 물론 척도 등으로 검사하는 방법도 병행하면 좋겠지만, 저항이 심하고 이야기하는 것에 거부감을 나타낼 경우 검사보다는 이야기를 통해 자해행동의 기능을 찾아내도록 하는 것이 유용할 수 있다. 검사는 자칫하면 위기대상자에게 거부감을 줄 수 있고 라포 형성을 깨뜨릴 위험이 있다. 그러나 이야기하는 과정에서 심층면담이 필요하거나 확인이 필요한 경우, 비자살적 자해행동의 기능평가를 위한 척도들 중에서 Ⅱ장에서 소개한 간단한 질문들(Self-Injury Behavior Survey, 2019)을 병행하면서 비자살적 자해행동의 동기를 파악하도록 한다. 질문지를 가지고 하는 것 보다는 이야기하는 과정에서 자연스럽게 질문을 하는 것이 더 많은 이야기 소재를 유도

할 수 있다.

자해행동의 기능을 확인하고 그에 적합한 이야기를 나누면, 비자살적 자해행동을 한 사람과 연대감을 형성하는 데 많은 도움을 받을 수 있고, 정확한 위기개입을 통하여 전문적 심리상담전문가 혹은 정신과 의사에게 의뢰할 때 정확한 정보를 전달할 수 있을 것이다.

네. 이야기를 들어보니 많이 힘들었을 것 같아요. 그런데, 자해욕구가 막 생기거나 충동이 일어날 때는 보통 언제인가요? 어떨 때 자해충동이 심해지는 것 같으세요?

아, 화가 나기 시작하면 그런가 봐요. 그럼 어떨 때 화가 많이 나는 것 같은지 생각해 보실래요? 친구와의 갈등상황이 생기면 그런가 보네요. 그런가요? 친구들이○○ 씨를 무시하는 것 같거나 모른 척하거나 하고 그런가요?

또 다른 경우가 있나요? 이야기를 들어보니 정서조절이 어렵거나 통제가 힘들다고 느끼면 자해충동이 심해지는군요.

흠, 자해행동을 하고 나면 아버지가 ○○○에게 관심을 주시는군요. 아버지의 애정 어린 관심이 매우 받고 싶었나 봐요. 그럴 수 있겠어요.

3) 위험성평가와 분류 및 개입

비자살적 자해의 기능을 확인했다면 동시에 위험성 평가가 필요하고, 그 평가에 따라 적절한 개입이 즉각적으로 시행되어야 한다. Ⅱ장 4, 비자살적 자해의 위험성수준 분류와 개입에서 설명한 것처럼 일반적인 매뉴얼과 지침 안에서 최대한 개별적 요소를 적용하고, 비자살적 자해행동의 위험성 수준을 분류하며, 그 수준에 맞는 개입을 해야 한다. 제시한 기준들이 위험성 수준의 분류와 개입에 절대적인 것이라 할 수는 없지만, 위기개입에의 일반적인 지침이나 매뉴얼이 위기개입자가 경험할 수 있는 상당한 정도의 혼란과 불안을 감소시켜 줄 수 있다. 여기에서는 자살위험성 수준을 세 단계로 구분하여 개입방법을 설명하였지만 좀 더 세분화할 수도 있고, 비자살적 자해행동에 대한 위기개입 현장의 현실적 문제와 개별적 특성에 따라 융통성을 가진 위기개입 방법을 고안하는 것 또한 필요하다. 이 과정에서 적용할 수 있는 간단하고 효과적인 대처방법인 4D기법[1)]을 활용할 수 있다.

> 처음 자해를 한 게 언제인가요? 네. 그때는 어떤 방법을 사용했나요? 상처는 어느 정도였나요? 자살생각을 했었나요?
>
> 자해는 얼마나 자주 하나요? 최근의 자해방법은 무엇인가요? 최근 자해를 했을 때 상처는 어느 정도였나요? 자해를 하기 전에 무슨 일이 있었나요? 자해 생각이 어느 시간에 가장 심한가요? 자해는 주로 어디에서 하시나요? 혼자 하나요?
>
> 자해 후에 심리적 고통이 감소하나요? 자해 후 기분이 어떤가요?
>
> 자해충동이 일어날 때 어떤 생각을 하면 통제가 되나요? 그동안 해봤던 대안 중에 가장 효과적인 것은 어떤 것이었나요?

4) 대안 소개 및 수립

일반적으로 비자살적 자해행동에 대한 위기개입에서 위기개입자는 치료를 원칙으로 하지 않는다. 즉, 본격적인 위기개입에 들어가면 대상자의 안전을 확보하고, 심리적 지원을 동시에 실시하며, 정확한 위험성 평가 및 수준별 개입을 실시하고, 추가적인 도움이나 개입이 필요한 경우에 의료적 혹은 상담적 치료가 이루어질 수 있도록 정보를 제공하거나 연계하는 것이 1차적인 목적이다. 따라서 개입과정에서 자해의 기능이 파악되면, 건강하지 못하고 부적응적인 자해행동 대신 대체할 수 있는 행동들을 소개하도록 한다. 위기개입 대상자와 위기개입자가 협조적으로 대안을 만드는 과정에서, 위기개입 대상자가 최대한 자기통제감을 가질 수 있도록 주도적인 역할을 한다. 구체적이고 실현 가능하며 위기개입 대상자가 할 수 있는 대안들을 수행하도록 격려하고 지지한다.

---

1) 4D 기법{지연시키기(Delay), 주의 분산시키기(Distract), 전환하기(Divert), 진정시키기(Defuse)}.

네. 그럼 이번에는 ○○ 씨가 자해충동이 있을 때 가장 효과적으로 통제할 수 있는 방법들을 만들어 보도록 해요. 아주 간단하고 ○○ 씨가 어렵지 않게 할 수 있다고 생각되는 것들이 있을까요?

막 화가 나기 시작했을 때 사실 그 순간을 무엇으로라도 잠깐만 견디면 자해충동이 가라앉기도 했죠? 그럼 그게 어떤 걸까요? 아, 친구 ○○에게 전화를 하거나 만날 때까지만 일단 자해를 참아보는 건 어떨까요? 친구가 올 때까지 어떤 방법으로 견딜 수 있을까요? 아, 노래요. 그거 좋죠. 어렵지 않고 좋네요. 그래요. 그럼 우선 친구에게 도움을 요청하고 음악을 틀어 놓는 거네요.

그것도 불안하다면 또 다른 방법이 있을까요? 생각이 나지 않는다면 제가 가진 몇 가지 방법들이 있는데 ○○ 씨가 할 수 있는 방법들을 찾아볼까요? 좋아요. 우선 얼음을 깨어 물고, 음악을 들으면서 친구를 기다려요. 친구가 오면 이야기를 해요. 그 외에도 할 수 있는 방법들을 몇 가지 더 가지고 있다면 자해충동이 생겼을 때 덜 불안하겠죠? 적을까요? 흥분상태에선 기억이 나지 않을 수 있으니까요.

5) 추수개입

비자살적 자해는 반복적이고 지속적인 특성이 있다. 따라서 위기개입을 통해 효과적 개입이 이루어졌다고 해도 비슷한 상황의 스트레스 사건이나 외적 자극이 있을 경우 비자살적 자해행동을 다시 할 가능성이 매우 높다. 행동의 변화 특히, 비자살적인 자해행동의 변화는 긴 시간을 요구하고 한두 번의 개입으로 변화되기는 매우 힘들다. 이미 비자살적 자해행동은 습관화 혹은 문제해결 방식의 하나로 공고화되어 있어 힘들고 어려운 상황에 처하면 자해행동을 다시 하게 되어 자기비하가 더욱 심화되고 좌절감을 경험할 가능성이 많아 이에 대한 관리가 필요하다. 자해행동이 아닌 적응적인 행동으로의 변화를 위해서는 비자살적 자해행동을 한 사람이 처해 있는 환경도 변화해야 하고, 주위의 도움도 필요로 한다. 따라서 위기개입을 통해서 해당되는 전문가들에게 의뢰를 하였다고 해도 정기적으로 대상자에게 연락을 취해 보고 상태를 확인하여 개입 당시 했던 대안들의 적용 및 유지 등에 대한 평가와 수정을 위해 반드시 추수개입을 해야 한다.

안녕하세요? 6개월 전에 뵀던 ○○○입니다. 그동안 어떻게 지내셨는지 궁금해서 전화 드렸습니다. 최근엔 어떠세요? 아, 네. 그렇죠. 행동을 변화시킨다는 건 인내력과 훈련이 필요하죠. 실망하실 거 없어요. 대부분 그러한 어려움들이 있습니다. 자해의 특성이 그래요.

하지만 포기하지 않는 게 그 무엇보다 중요해요. 그럼요. 지금 다시 시작하셔도 되죠. 이전에 우리가 같이 만들었던 대안들을 다시 한번 보시고, 만약에 좀 더 효과적인 방법들이 있다면 바꾸셔도 돼요. 그 전과는 상황이나 환경이 변했을 수도 있으니까요.

그래요. 도움이 필요하시면 언제든 연락하셔서 도움을 청하시면 됩니다.

6) 4D 기법을 활용한 비자살적 자해 위기개입의 실제

22세 ○○○(남)은 어린 시절 아버지에게 신체적 폭력을 당하며 성장했다. 아버지가 화가 나거나 술을 마시고 오는 날은 여지없이 맞곤 했다. 청소년기에 분노와 모멸감, 수치심, 극도의 불안 등은 ○○○을 괴롭혔다. 집중력이 떨어지고 의사결정이 어렵게 되면서 성적도 곤두박질치게 되었다. 청소년기에 들어서면서 불안이 심해지고 분노와 극도의 감정이 일어나면서 공격성이 나타나기 시작했다. 처음엔 주먹으로 벽을 치는 자해행동으로 손에 상처가 가시질 않았다. 어떤 때는 커터칼로 심하게 그어 병원으로 실려 가기도 했다.

그러나 다행히 엄마의 보호와 지지가 있었고 어릴 때부터 친한 친구들의 애정 어린 관심이 있어 버틸 수 있었으며, 대학에 진학하면서 집에서 나와 자취를 시작하여 심리적 안정을 찾아갈 수 있었다. 그런데, 군대를 가야 할 시점이 되면서 불안이 심해지기 시작했다. 군대 가면 맞기도 한다는 이야기를 듣는 게 ○○○에겐 재미있는 에피소드가 아니라 공포로 다가왔다. 최근 어린 시절 아버지에게 맞았던 기억이 떠나지 않았고, 수면이나 학업에 문제가 생기기 시작했다. 대학에 들어오면서 자해행동이 사라졌다가 최근 영장이 나오면서 다시 시작되었다. 팔목을 커터칼로 긋고 피를 흘려야만 일시적 안정을 찾는 것이 가능해졌고 이러한 행동을 자주 하게 되었다. 친구들이 그 사실을 알게 되어 위기개입자에게 연락하게 되었다.

■ 위기개입자: 안녕하세요? 저는 △△△센터 위기개입자 □□□입니다. 오늘 저는 ○○○ 씨가 심적으로 매우 힘들다는 이야기를 들었습니다. 오늘 나누는 대화는 전적으로 비밀에 부칠 겁니다. 다만 자살, 타살, 법적인 문제와 관련된 것은 ○○○의 안전을 위해 비밀로 하기가 어렵습니다. 먼저 ○○○의 최근 경험하고 있는 어려움을 이야기해보시겠어요?

□ 자해위기에 처한 사람: 아, 전 사실 도움이 필요 없는데….

■ 위기개입자: 천천히 이야기만 나누시면 됩니다. 마음 편하게요. 전 ○○○ 씨의 이야기를 듣고 도움을 드리고 싶습니다. 남에게 이야기하기 힘들었던 이야기를 털어놓으면 마음이 편해지실 겁니다. 믿어 보세요. 최근에 가장 힘든 게 어떤 건가요?

□ 자해위기에 처한 사람: 사실은 군입대 영장이 나오면서 극도로 불안해지기 시작한 것 같아요. 군입대와 관련된 불안과 공포를 피하고 싶고 감정조절이 잘 안 돼요.

■ 위기개입자: 아, 최근에 영장이 나오면서 다시 자해를 하기 시작하신 거네요. 군대에 입대하게 된다면 어떤 점이 그렇게 불안해지고 공포감을 느끼게 하던가요?

□ 자해위기에 처한 사람: 맞는 거요. 군대 다녀온 선배나 친구들이 다 그래요. 가면 맞는다고. 전 집중도 잘 못하고 어떤 건 기억이 잘 나지 않을 때도 있어서 친구들이 많이 맞을 거라고 농담 반 진담 반으로 이야기 하는데 그게 웃기지 않고 무서워요. 진짜. 맞는 이야기를 하면 아버지가 떠오르고 막 화가 나기 시작하거든요.

■ 위기개입자: 옛날 기억이 나서 괴로우시겠어요. 그런 이야기를 들으면 당연히 두렵죠. 아버지로부터 맞았던 기억이 잊히지 않고 많은 상처로 남았을 것 같네요. 아버지에 대해 이야기 하고 싶으면 하셔도 됩니다. 편하게 하세요. 이야기를 하는 건 ○○○ 씨에게 많은 도움이 됩니다.

□ 자해위기에 처한 사람: 사실은 제가 어릴 때 아버지에게 많이 맞았어요. 심하게요…. 그래서 맞거나 때리는 게 너무 싫어요. 싫은 게 아니라 공

포스러워요. 맞을까봐 늘 불안했고, 어떤 날은 먼저 맞는 게 편할 때도 있었어요. 군대에 가서 누가 날 때린다면 아마 견디지 못할 것 같아요. 대학 들어와서 독립하면서는 심리적으로 정말 안정이 되었었거든요. 자해도 하지 않았어요.

■ 위기개입자: 그렇겠네요. 어릴 때의 나쁜 기억이 떠오르겠어요. 불안하고. 그럼 이전에 자해를 했었나봐요?

□ 자해위기에 처한 사람: 네. 사실 많이 했어요. 손목을 너무 많이 그어서 병원에 간 적도 있어요. 불안해지고 분노가 생기면 더 그랬던 것 같아요.

■ 위기개입자: 매번 그러진 않았을 텐데, 어떨 때 자해행동을 좀 참을 수 있었어요?

□ 자해위기에 처한 사람: 친한 친구들이 있었는데, 다행히 친구들에게 전화를 해서 친구들이 전화를 받아주면 만나거나 전화로 이야기하곤 했어요. 최근엔 그 친구들이 바쁘기도 하고 군대에 가 있어서 연락이 잘 안되죠. 그래서 혼자 자해를 하게 된 것 같아요.

■ 위기개입자: 네. 불안하거나 감정이 조절되지 않아서 힘들 때 자해 욕구가 심하게 생기는 거네요. 그런데, 누군가에게 이야기라도 하게 되면 자해행동을 통제할 수 있구요. 그런가요?

□ 자해위기에 처한 사람: 네. 그런 것 같아요.

■ 위기개입자: 최근에 감정 조절이 안 되어 자해행동을 하는 경우 얼마나 자주, 어떤 방법으로 하는지 이야기해 보실래요? 또 자해행동 후에 기분이 어떤가요?

□ 자해위기에 처한 사람: 음…. 최근엔 2~3일에 한 번씩 하는 것 같고, 요즘은 주로 손목을 커터칼로 막 그어요. 피가 날 정도로. 참아지지가 않아요. 피를 보고 나면 마음이 좀 안정되는 것 같아요. 전 아버지한테 매일 비난받고 많이 맞아서 그런지 내가 너무 쓸모없게 느껴지고 모든 게 제 탓 같아요. 다들 가는 군대인데 나만 이러는 것 같아 한심하기도 하면서 내가 너무 싫어요.

▪ 위기개입자: 마음이 힘들고 자해행동이 심해지는 것 같은데, 혹시 최근에 자살생각을 해본 적이 있나요?

□ 자해위기에 처한 사람: 가끔 하기도 해요. 이렇게 죽으면 좋겠다. 피가 멈추지 않고 조용히 죽었음 좋겠다 뭐 그런 생각을 하긴 해요.

▪ 위기개입자: 계획을 세워 본 적이 있나요?

□ 자해위기에 처한 사람: 아니요. 그냥 손목에서 피가 날 때 그런 생각을 하긴 하지만 구체적으로 생각해 본 적은 없는 것 같아요.

▪ 위기개입자: 네. 마음이 얼마나 힘들면 그런 생각까지 해 봤겠어요. 많이 힘드실 것 같네요. 그런데, 아까 이야기 중에 친구들과 이야기하면 자해욕구가 많이 가라앉는다고 하셨는데, 그게 제일 좋은 방법이지만, 지금처럼 친구들이 도와줄 수 없을 때 어떻게 하면 자해욕구를 통제할 수 있을 것 같으세요?

□ 자해위기에 처한 사람: 음. 글쎄요. 생각해 보지 않은 것 같아요. 별다른 방법이 떠오르지 않는데요.

▪ 위기개입자: 상황이나 감정에 압도되면 그런 방법들이 잘 생각나지 않아요. 자연스러운거에요. 그럼 저와 같이 감정적으로 압도될 때 당장 할 수 있는 대안들을 만들어 보는 건 어떠세요?

□ 자해위기에 처한 사람: 네. 그러네요. 다른 방법들을 생각해 보려고 하지 않았던 것 같아요.

▪ 위기개입자: 그럼요. 그런 상황에선 그럴 수 있어요. 지금부터라도 생각해 보시면 돼요. 먼저 감정이 격해질 때 ○○○ 씨가 할 수 있는 건 뭐가 있을까요?

□ 자해위기에 처한 사람: 음. 창문을 일단 열 수 있을 것 같아요. 왜냐하면 막 숨쉬기가 어려워지곤 하거든요. 그래서 책상 위에 있는 커터칼부터 찾게 돼요.

▪ 위기개입자: 네. 맞아요. 앞에 도구가 있으면 가장 쉽게 접근하기도 하죠. 일단 커터칼을 치우시면 좋겠어요. 할 수 있겠죠? 숨이 찬다고 하셨고 창문을 열어볼 수 있을 것 같다고 했으니까 가장 먼저 창문을 여

는 방법을 가지고 있어 봐요. 제가 도움을 하나 드릴 수 있을 것 같아요. 제가 복식호흡을 가르쳐 드릴 테니까 창문을 열고 나서 복식호흡을 천천히 5번만 해보세요. 많은 도움이 되실 거예요. 또 다른 방법은 뭐가 있을까요?

□ 자해위기에 처한 사람: 아, 답답해서 그런지 밖에 나가서 돌아다니면 좀 나아지기도 했었는데…. 그리고 밖으로 나가 조깅하는 것도 좋았던 것 같네요.

■ 위기개입자: 그래도 ○○○ 씨는 좋은 대처방안들을 많이 가지고 계시네요. 최근엔 너무 감정적으로 압도되고 힘들어져서 이런 방법들이 생각나지 않았던 것 같아요. 그럼 제일 먼저 창문을 열고 복식호흡 5번 정도를 천천히 해보고, 그래도 자해충동이 가라앉지 않으면 밖으로 나가거나 조깅을 일단 해볼까요?

□ 자해위기에 처한 사람: 네. 그 정도는 해볼 수 있을 것 같은데. 한 번 해볼게요.

■ 위기개입자: 좋아요. 이 두 가지 말고도 현실적으로 ○○○ 씨가 할 수 있는 대안들을 많이 마련하시면 좋아요. 스트레스 상황에서는 뭔가를 기억하는 게 쉽지 않거든요. 다음 주에 자해충동이 들 때 ○○○ 씨가 말한 방법으로 한 번 해보고 나서 대안을 좀 더 만들어보죠. 어때요?

□ 자해위기에 처한 사람: 네. 해볼게요. 저라고 자해가 좋기만 한 건 아니에요. 하고 나면 당장은 시원한 것 같은 생각이 들지만 다음 날 상처를 보고 나면 너무 자괴감이 들고 제 자신이 혐오스럽고 우울해지거든요. 그런데 감정적으로 격해지면 어떻게 해야 할지 아무 생각이 나질 않아요.

■ 위기개입자: 그럼요. 당연해요. 그래서 이런 대안들을 목록화해서 책상 위나 눈에 띄는 곳에다가 붙여놓는 것도 방법이 될 수 있어요.

□ 자해위기에 처한 사람: 그렇게 해볼게요.

■ 위기개입자: 자, 그럼 다음에 볼 때 어떤 변화가 있는지 솔직히 이야기해주세요. 전 3번 정도 ○○○ 씨와 만날 수 있을 것 같은데, 그때까지

간단한 방법을 실시해보는 걸로 해요. 이야기하시느라 너무 힘드셨겠어요. 처음 저와 이야기를 시작할 때가 감정적으로 힘든 점수를 10점이라고 하면 지금은 몇 점 정도인가요?

□ 자해위기에 처한 사람: 정말 이야기를 많이 하고 나니 감정이 많이 가라앉은 것 같아요. 지금은 3점 정도? 자해충동이 거의 없는데요.

■ 위기개입자: 네. 다행이네요. 그러나 스트레스 상황에선 다시 자해욕구가 생길 수 있어요. 너무 급하게 그러실 건 없어요. 천천히 하세요. 그게 또 다른 스트레스가 될 수 있으니까요. 행동의 변화가 그렇게 빠르게 되진 않거든요. 마음 편하게 느긋하게 생각하세요.

□ 자해위기에 처한 사람: 네. 감사합니다.

제시한 사례의 경우, ○○○의 자해 행동의 기능은 정서조절을 하기 위한 것으로 볼 수 있고 자기처벌의 기능도 있다. 위험성 수준은 중간 정도이지만 보호요인이 다수 있고, 변화하려는 의지가 있기 때문에 초기 개입에서 되도록 정서조절 측면에 대한 개입을 하고 방법들을 구체적으로 목록화 하고 실시해보는 것이 유용할 수 있다. 그러나 자해위기에 처한 사람에게 지나친 기대를 하게 하거나 위기개입자가 지나친 관심과 응원을 표현하는 것은 실제적으로 도움이 되지 않는다. 만약 계획에 실패해도 그럴 수 있다고 타당화 시켜주면서 자신감을 가질 수 있도록 지지해 주는 것이 필요하다. 그렇지 않으면, 위기개입자에게 실망을 줄 것 같고 그런 자신이 싫어서 개입에 참여하지 않을 가능성이 높기 때문이다. 또한, 자해의 특성상 당장 행동의 변화를 가지고 오지 않고 반복되기 쉬운 행동이어서 개입 후 정기적인 확인과 관심을 제공하고 대안을 다시 한번 수정할 수 있도록 해야 한다.

2. SAFER-R MODEL을 활용한 비자살적 자해 위기개입

SAFER－R MODEL은 긴급한 위기개입 과정에서 유용한 개입 모델이다. 평균 15분에서 20분 정도가 소요되지만 상황에 따라 차이가 있을 수 있다. 5단계로 시행하고, 절차는 융통성 있게 시행해도 무방하다. SAFER－R MODEL은 안정화 단계, 인정하기 단계(이야기하기, 기능평가, 위험성 평가 및 개입), 이해촉진 단계(정상화, 타당화), 효과적인 대처 단계(욕구 및 지원파악, 대처방법 및 대안탐색), 회복하기 및 의뢰하기 단계를 포함한다. 구체적인 단계와 내용은 다음과 같다.

SAFER-R MODEL 위기개입 과정

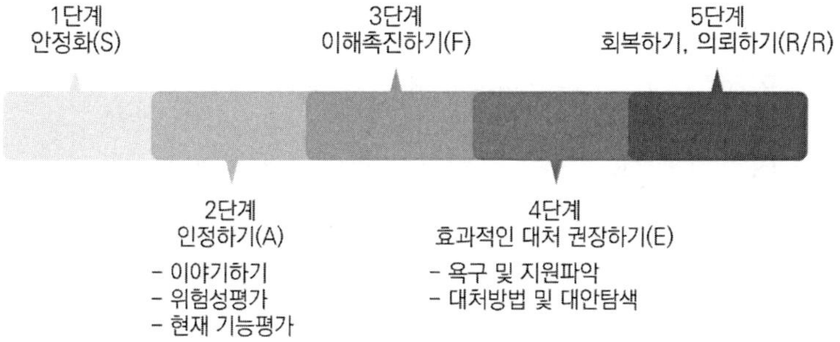

1) S: **안정화**(Stabilize) **단계**

안정화 단계에서는 위기개입자의 소속과 이름을 밝히고, 비밀보장에 대한 약속 및 자살, 타인에 대한 살해·폭행 등 위해를 가하는 일에 대해서는 보고 의무를 확실하게 고지한다. 동시에 위기개입 대상자와의 라포 형성을 위해 위기개입자는 최대한 편안한 분위기를 제공하고 신뢰감을 주어야 한다. 비자살적 자해에 대한 위기개입은 시간 제한적이기 때문에 지지적인 태도는 물론 언어적·비언어적 의사소통 방식을 효율적인 도구로 활용해야 한다.

위기개입자는 이 단계에서 가능한 초기 환경에서 자극적인 요소들을 제거해야 하고, 스스로가 상황에 압도되지 않아야 한다. 최대한 침착함과 자신감을 가지고 위기 개입에 임하도록 한다.

> 안녕하세요, 저는 위기개입자 ○○○입니다. 오늘 ○○○ 씨의 이야기를 들으면서 필요로 하시는 것에 도움이 되었으면 합니다. 여기까지 오시는 게 쉽지는 않았을 텐데 용기 내주셔서 감사합니다. 편안한 마음으로 ○○○ 씨의 이야기를 충분히 하셨으면 좋겠습니다.
>
> 오늘 저와 나누시는 이야기에 대해서는 철저히 비밀이 보장됩니다. 그러나 자살 생각이 있거나 다른 사람을 해칠 가능성이 있을 경우, ○○○ 씨를 돕기 위해 비밀보장을 해 드릴 수 없습니다. 이야기하시는 도중 힘드시거나 중단하고 싶으시면 언제든 말씀해 주세요. 쉬었다 하셔도 되고, 다음으로 약속을 잡으실 수 있습니다.

2) A: 인정하기(Acknowledge the Crisis) 단계

비자살적 자해를 한 사람이 자신의 자해행동에 대한 이야기를 편안하고 충분히 할 수 있도록 격려한다. 자해행동을 한 사람의 이야기를 들으면서 자해에 대한 위험성 수준을 평가하고 그에 맞는 적절한 개입을 고려해야 한다. 또한, 현재 비자살적 자해를 하는 사람의 기능을 살피고 보호요인과 위험요인을 평가해야 한다.

위기개입자는 이 단계에서 그들이 가장 힘든 것이 무엇인지에 대해 질문해야 하고, 이야기 도중 그들의 염려나 걱정을 최소화하려 하거나 무시하지 않도록 해야 하며, 그들의 이야기에 끼어들지 않도록 한다. 이 단계에서 중요한 것은 그들이 원하지 않는 경우 이야기하도록 강요하지 않는 태도가 무엇보다 중요하다.

(1) 이야기 듣기

기본적인 의사소통 기법을 활용하며, 상황에 따른 고통이나 정서적 경험을 충분히 이야기할 수 있도록 격려하고 이야기할 때까지 인내심을 가지고 기다릴 수 있어야 한다. 그러나 이야기의 내용이나 주제가 외상경험을 촉진시킬 위험이 있는 경우에는 정서 접촉에 주의해야 한다. 최대한 개방적이고 비판단적이며 공감하는 태도를 가지고 위기개입 대상자에게 다가가야 한다.

> 그럼, 현재 자해로 인해 가장 어려운 부분이 어떤 것인지 이야기 해보시겠어요? 어떤 이야기라도 상관없어요. 이야기하고 싶은 것을 편안하게 이야기하시면 됩니다. 천천히 시간을 가지고 이야기하시면 됩니다.

(2) 위험성 평가

이야기를 들으면서 자해의 위험성 수준을 평가할 수 있어야 한다. 반복적인 자해 가능성이 확인되면 자해행동에서 벗어나지 못하게 하는 위험요인 또는 장애물을 확인해야 한다. 현재 상해 정도 및 자해의 즉각성, 직접성, 반복성 등을 확인하고, 위험성 수준을 분류할 수 있어야 한다.

> 네, 많이 힘드셨겠어요. 그럼 구체적으로 질문 몇 가지 해도 될까요?
> - 언제부터 자해를 시작하셨나요?
> - 최근에는 얼마나 자주 자해를 하시나요?
> - 최근에 자해를 했을 때 어떤 방법으로 하셨나요? 최근 자해를 할 때 상처는 어느 정도였나요?
> - 어떤 때 자해를 하고 싶은 충동이 드나요?
> - 자해를 하면 어떤 것이 나아지는 것 같나요?
> - 어떤 경우에 자해하려는 충동을 통제할 수 있나요?

(3) 현재 기능평가

현재 자해로 인해 생긴 사회적 영향에는 무엇이 있는가 평가해 보아야 한다. 그리고 자해행동을 한 사람의 지지자원 및 보호요인을 확인하고, 자해행동의 위기에 처했을 때 도움을 청할 수 있는 사회적 네트워크를 구축해야 한다.

네, 그러면 자해를 하는 것 때문에 일상생활에 불편함이 있나요?
자해충동이 있거나 자해로 인해 상처가 났을 때 즉시 도움을 청할 사람이 주위에 있나요? 안전하다고 여겨지는 기관이나 도움을 청할 곳이 있나요?

3) F: 이해 촉진하기(Facilitate understanding) 단계

이 단계에서는 정상화하는 작업을 해야 한다. 위기개입자는 자해를 하는 심리적 과정에 대한 인지적 영역의 이해를 돕고 자해를 촉발하는 상황이나 그에 대한 반응에 대해 적극적인 감정적 반영을 해주고 이러한 반응들을 그럴 수 있다고 타당화해주는 것이 가장 중요하다. 이 과정은 안정화 단계부터 실시할 수 있다.

위기개입자는 이 단계에서 공감능력을 발휘해야 하고, 최대한 정서적 안정을 취하도록 해야 한다. 위기개입 대상자의 범주를 벗어난 행동과 걱정에 대해서는 정상화하지 않도록 하고, 위기개입자가 도움을 제공할 것에 대해 막연하고 불안하더라도 두려워하지 않도록 한다. 모르는 것은 모른다고 인정하고, 그 자리에서 슈퍼바이저나 관련 기관에 질문하여 도움을 제공하는 것이 좋다.

지금 가장 힘든 부분은 어떤 것인지 구체적으로 말씀해 주시겠어요? 일반적으로 사람들은 부정적인 감정이나 상황에서 벗어나기 위해 혹은 통제하기 위해 자해를 시도하기도 합니다. 그러고 나면 그 순간은 실제로 괜찮아지기도 합니다. 그러나 자해 이후에는 수치심이나 죄책감 같은 여러 감정들이 생겨난다고 해요.
○○○ 씨가 지금 경험하는 감정이나 행동들은 일반적이며 정상적인 반응일 것으로 생각됩니다. 그렇기 때문에 숨기거나 이야기하는 것에 불편함을 느낄 필요가 없어요. 편하게 이야기 하시면 좋겠어요.

4) E: 효과적인 대처 권장하기(Encourage effective coping) 단계

이 단계는 가장 적극적인 개입이 이루어지는 단계로 행동기제를 적용하게 된다. 자해행동을 한 사람이 심리적·행동적 개입을 통한 정서 표출, 문제해결 및 갈등해결 능력, 자기 효능감, 인지 재구조화, 스트레스 관리 전략 등 다양한 측면에서 스스로 탐색하도록 돕는다.

위기개입자는 이 단계에서 위기에 처한 사람에게 복잡하지 않고 단순한 대처방법으로 실현 가능한 것부터 할 수 있도록 돕는다. 그러나 무엇이 필요한지 위기개입자가 임의로 생각하여 돕거나 행동하지 않아야 하며, 그들에게 지킬 수 없는 약속은 하지 않도록 해야 한다.

(1) 욕구 및 자원 파악

자해를 하게 되는 개개인의 욕구가 다르다는 것을 설명하고 일반화하지 않도록 한다. 따라서 획일적인 접근보다는 개별성을 전제로 정확한 욕구파악이 요구되고, 각각의 경우에 적합한 지지자원 및 보호요인을 탐색하도록 돕는다.

사람마다 자해를 하게 되는 이유가 다 다릅니다. 따라서 사람마다 필요한 것이 모두 다를 수 있습니다. ○○ 씨는 현재 어떤 도움이 가장 필요한가요? 자해행동에 대해 지금 알리게 된 특별한 이유가 있나요? 지금 고통을 좀 가라앉히기 위해 무엇을 할 수 있나요? 도움을 줄 만한 가족이나 친구, 주변 사람이 있나요?

(2) 대처방법 및 대안탐색

자해행동을 하는 사람이 자해충동이 있을 때 사용할 수 있는 나름의 대처방법이나 대안을 위기개입자와 함께 협력하여 개발하고 이를 목록으로 만든다. 그러나 이렇게 하는 것이 어려운 경우 또는 전문가의 도움을 받으려 하지 않는 경우, 나중에라도 최선의 선택을 할 수 있도록 다양한 정보를 제공하도록 한다. 또한, 지원 정보에 대해 정기적으로 확인하게 하고 다양한 정보를 제공한다. 수립한 대안들을 평가하고 수정할 수 있도록 한다.

지금까지 자해를 하지 않기 위해 어떤 것을 시도해 보셨나요? 성공적이었던 경험과 그렇지 못했던 경험에 대해 이야기해 주시겠어요? 자해가 유발되는 상황에서 자해 외의 방법을 사용해 보신 적이 있나요? 다른 대처방법이 효과가 없었던 이유는 무엇이라고 생각하세요? 지금은 당장 필요 없다고 느껴지더라도 추후 필요한 경우를 위해서 도움을 받을 수 있는 기관과 도움이 될 만한 방법들을 드릴 테니 사용해 보세요.

5) R: 회복하기/의뢰하기(Recover/Referral) 단계

이 단계는 지속적인 도움을 받을 수 있도록 촉진하는 단계로 자해행동을 한 사람이 요청하거나 위기개입 종료 후 일상적인 생활에 문제가 있다고 판단될 때 실시한다. 자해행동을 한 사람이 도움을 받을 수 있도록 의뢰하는 경우, 당사자에게 충분히 설명하고 관련 기관에 대한 정보를 구두로 혹은 문서로 제공해야 한다. 위기개입자는 관련 기관의 담당자에게 가능하면 직접 연계해 대상자가 불편하지 않도록 하는 것은 물론 위기개입 서비스가 지속되도록 도와주어야 한다. 지속적인 관리를 위해 추후 개입을 할 수 있다는 점을 언급하고, 마지막 단계에서는 희망적이고 긍정적인 느낌을 가질 수 있도록 한다.

저와 이야기 나눈 지금은 좀 어떠신가요? 처음 이야기 시작할 때보다 어느 정도 감정적으로 안정이 되셨나요? 궁금하거나 더 하고 싶은 이야기가 있나요? 도움이 필요하시면 ㅇㅇ의 ㅇㅇ에 요청하시면 됩니다. 원하시는 도움을 받으실 수 있도록 하겠습니다.

- 상담이 필요한 경우: 자해행동을 한 사람과 가족의 동의를 얻은 후 심리상담사를 소개한다.
- 외래 혹은 입원치료가 필요한 경우: 자해행동을 한 사람과 가족의 동의를 얻은 후 병원에 치료와 입원을 의뢰한다.
- 사회복지 지원이 필요한 경우: 지역 사회복지사에게 적절한 지원을 제공할 수 있는지 알아보고 필요한 사회복지 서비스가 제공되도록 도와준다.

6) SAFER-R MODEL을 활용한 비자살 자해 위기개입의 실제

15살 ㅇㅇ는 중학교에 다니고 있다. 친한 친구 ㅁㅁ와는 말을 잘 하지만 대부분은 조용하게 있는 편이다. 학년이 바뀌면서 ㅁㅁ와 다른 반이 되었고 지금은 같은 반 아이들과는 친하지 않지만 관계가 나쁘지도 않고 그저 그렇다. 처음에는 서먹하다고만 느꼈는데 점점 같은 반 아이들과 멀어지고 혼자라는 느낌이 든다. 이동수업을 할 때도 ㅇㅇ는 혼자 이동하는 날이 많고 친한 아이들끼리 짝지어 가는 모습을 보면 부럽기도 하고 화가 난다.

대학생인 언니는 주말이 돼야 집에 오고 부모님은 맞벌이를 하시기 때문에 혼자 있는 시간이 많다. 부모님은 ㅇㅇ가 스스로 잘 알아서 하기를 바라신다. ㅇㅇ가 혼자 뭐하고 있었는지 학원은 갔다 왔는지는 묻지도 않으면서, 언니가 오면 무척 반가워하고 좋아하신다. 언니가 좋아하는 음식을 만들어 주고 이야기도 많이 나누신다. ㅇㅇ에게는 무관심하면서 언니만 좋아하는 것 같아 짜증이 난다. 자신이 외톨이 같다는 생각이 자주 든다.

며칠 전 학원 숙제를 하려고 책상에 앉았는데 연필꽂이에 있는 커터칼이 눈에 띄었다. 친구들이 SNS상에서 너도 나도 손목을 그은 사진을 올린 것들을 봐왔던 터라 호기심이 생겼다. 손목보다 조금 위쪽을 그어봤는데 다른 생각이 안 들고 좋았다. 뭔가 시원한 느낌이 들기도 하고 기분이 안정되는 것을 느꼈다. 그 후 친구들과 어울리지 못하고 혼자 있을 때, 아니면 집에 혼자 있는 시간에 커터칼로 손목을 반복적으로 긋게 되었다. 가끔은 피가 나기도 했다. 상처도 남게 되자 자신이 큰 잘못을 저지른 것 같고 위축되었지만 손목을 긋는 것에 대한 유혹을 떨치기가 쉽지 않았다. 하루는 너무 심하게 긋는 바람에 피가 쉽게 그치지 않는 것을 언니가 발견하게 되었고, 부모에게 알리게 되면서 학교 담임선생님에게 알리고 상담선생님이 집으로 위기개입을 하러 가게 되었다.

■ 위기개입자: 나는 위클래스 상담사 ○○○이야. 내가 집으로 와서 놀라진 않았니? 편안하게 이야기하면 좋겠는데.

□ 자해위기에 처한 사람: 아, 네. 괜찮아요.

■ 위기개입자: 그래, 손에 난 상처는 어떠니? 피가 많이 났다고 하던데.

□ 자해위기에 처한 사람: 병원 다녀와서 괜찮아요.

■ 위기개입자: 그래, 다행이구나. 지금부터는 ○○의 이야기를 좀 들었으면 해. 편하게 하고 싶은 이야기를 하면 어떨까 싶어. 괜찮을까?

□ 자해위기에 처한 사람: 네….

■ 위기개입자: 최근에 ○○가 힘든 일이 있었니? 구체적으로 무슨 일이 있었는지 이야기해 줄 수 있겠니?

□ 자해위기에 처한 사람: 네. 중2가 되면서 아이들이 저를 카톡에서도 빼고 왕따를 시키는 것 같았어요. 근데 이제 막 대놓고 해요. 너무 힘든데, 누구와도 말할 사람이 없어요. 언니는 주말에만 오고 엄마는 바쁘고…. 친했던 □□이도 이제 날 피해요. 나랑 이야기하면 자기도 왕따 당할까봐 그러는 것 같아요. 왜 그러는지 정말 답답하고 짜증나요.

■ 위기개입자: 진짜 답답하겠구나. 슬프기도 하고. 그러면 막 외롭고 짜증 날 때 자해를 하게 되는 거니?

□ 자해위기에 처한 사람: 네. 얼마 전에 애들이 하는 것처럼 커터칼로 긁어봤는데 이상하게 시원한 느낌이 들더라구요. 그 긴장감도 그렇고…. 막 짜증나고 우울할 때마다 자주 하게 되었어요.

■ 위기개입자: 그랬구나. 너무 짜증나고 우울하거나 답답할 때 그러는구나. 자해를 중2에 처음 시작한 거고, 최근에는 얼마나 자주 하니?

□ 자해위기에 처한 사람: 요즘은 일주일에 두세 번?

■ 위기개입자: 다른 방법으로 자해를 해본 적이 있니?

□ 자해위기에 처한 사람: 아니요.

■ 위기개입자: 자해를 하면서 자살생각은 해본 적이 있니?

□ 자해위기에 처한 사람: 아니요, 자살 생각은 안 해봤어요.

■ 위기개입자: 응. 그럼, 자해를 하면서 일상생활에 불편함을 느낀 적이 있니? 공부할 때 집중이 잘 안 된다거나 해야 할 일을 못한다거나 하는 거 말이야.

□ 자해위기에 처한 사람: 성적이 많이 떨어지긴 했어요. 집중이 안 되기도 하고, 최근엔 집에만 있는데, 아무도 없으니까 많이 외롭기도 하고, 답답하기도 하고….

■ 위기개입자: 그렇겠다. 혼자 있고 학교에서 그런 일이 있는데, 누군가와 이야기할 사람도 없고 그치? 그렇다면 ○○이는 누구와 이야기를 나

누면 좀 나아질 것 같아?

□ 자해위기에 처한 사람: 음…. 언니나 엄마요. 친구들과 이야기하면 좋겠지만 지금은 아니에요. 남자친구라도 있으면 좋겠어요.

■ 위기개입자: ○○이는 진심으로 ○○의 마음을 이해해주고 이야기를 누군가가 들어줬으면 하는 거구나. 그래. 언니나 엄마와도 의논해보고 학교에서 선생님하고 일주일에 한두 번씩 이야기를 나눠보는 건 어떨까?

□ 자해위기에 처한 사람: 네. 좋아요.

■ 위기개입자: 만약 자해충동이 일어날 때 통제가 가능하기도 하거든. 어떤 생각이나 어떤 행동을 했을 때 잠깐 참을 수 있었던 적이 있니?

□ 자해위기에 처한 사람: 방탄소년단 노래를 듣거나 뮤직비디오 보는 거요. 노래를 따라 부르다 보면 좀 나아지기는 해요.

■ 위기개입자: 아, 그거 좋은데. 충분히 ○○이가 할 수 있는 거네. 그치?

□ 자해위기에 처한 사람: 네.

■ 위기개입자: 그래, 그리고 또 답답하거나 짜증날 때 할 수 있는 것들이 뭘까? 자해를 하는 거 말고.

□ 자해위기에 처한 사람: 매운 걸 먹는 거요. 떡볶이 같은 거요. 제가 잘 만들어요.

■ 위기개입자: 그거 너무 좋은 방법이다. 자해는 그 순간만 잘 넘기면 그냥 넘어가기도 하거든. 이제부터 자해충동이 있을 때 어떤 방법으로 그 순간을 넘길 수 있는지 더 다양한 방법을 만들어 볼 수 있을 것 같아. 어때?

□ 자해위기에 처한 사람: 네. 해볼게요.

■ 위기개입자: 긴 시간은 아니었지만 처음 선생님 만났을 때와 비교해서 지금 기분은 어떠니? 기분이 좋을 때를 1, 기분이 나쁠 때를 10이라고 할 때 지금의 기분은 어떻게 되니?

□ 자해위기에 처한 사람: 처음엔 막 짜증나고 그랬던 게 8정도였는데, 지금은 2도 안 되는 것 같아요.

■ 위기개입자: 그래? 다행이네. 앞으로도 뭔가 짜증나거나 우울하고 답답

할 때는 누군가의 도움을 받을 수도 있고, 아까 말한 방법들을 해보면 어떨까? ○○은 잘 할 수 있을 것 같은데. 선생님은 언제든 도움을 청하면 ○○의 이야기를 들어줄 수 있어. 처음부터 잘되진 않을 수 있지만 자해횟수를 점차 줄여볼 수는 있을 거야.

□ 자해위기에 처한 사람: 네. 그렇게 해볼게요.

위의 사례에서 ○○의 자해행동의 기능은 관심기능과 정서조절의 기능을 함께 가지고 있는 것으로 평가할 수 있다. 위기개입자는 혼자 생활하고 외로움을 많이 느끼는 ○○의 마음을 잘 읽어주는 것이 우선되어야 한다. 또한 ○○은 대안을 만드는 것에 미숙하고 방법을 잘 모르기 때문에 위기개입 과정에서 대안을 만들고 실시할 수 있도록 지지해주는 역할이 중요할 수 있다. 위험성은 낮은 단계이긴 하지만 아직은 미성년자이기 때문에 위기개입자는 부모와 가족 모두와 면담을 실시하여 개입방법과 적절한 관심 및 지지를 제공 할 수 있도록 교육하는 것 또한 필요할 것으로 보인다.

SAFER−R MODEL에서는 추수개입 과정이 포함되어 있지 않지만, 자해의 특성상 당장 행동의 변화를 가지고 오지 않는 특성으로 반복되기 쉬운 행동이어서, 개입 후 정기적인 확인과 관심을 제공하고 대안을 다시 한 번 평가하고 수정할 수 있어야 한다. 다시 말하면 SAFER−R MODEL은 기본적으로 위기개입에서의 초기개입에 적용 가능하고 위험성수준의 분류에 따라 적절한 서비스가 이루어지도록 하는 것을 일차적인 목표로 하며, 이러한 개입의 제공은 물론 추수개입까지 이루어질 수 있도록 해야 한다.

참고문헌

권경인, 김지영 (2019). 청소년 비자살적 자해 위기상담 경험에 관한 현상학 연구: 상담자 경험을 중심으로. **상담학연구**, 20(3), 369-393.

권혁진 (2014). **비자살적 자해에 영향을 미치는 정서적 · 인지적 요인의 탐색**. 서울대학교 대학원 석사학위논문.

권혁진, 권석만 (2017). 한국판 자해기능 평가지(The Functional Assessment of Self-Mutilation)의 타당화 연구: 대학생을 중심으로. **한국심리학회지**: 임상, 3(1), 187-205.

권희주, 송현주 (2014). **발달단계에 따른 고통감내력, 분노반추와 역기능적 분노의 관계고찰**. 서울여대 특수치료 전문대학원 출판사.

김동규 (2019, 9, 24). 10대들 자해·자살 시도 5년간 73% 증가. 대책마련 시급. 뉴스1코리아. https://news.v.daum.net/v/20190924100042938.

김수연 (2019, 9, 30). 자살위험 학생 수 2만 명 넘어. 10대들의 '위험한 자해문화' 심각. 동아일보. https://news.v.daum.net/v/20190930193817892.

김수진, 김봉환 (2015). 청소년 내담자의 반복적 자해행동의 의미탐색: '고통으로 고통을 견디기'. **한국심리학회지: 상담 및 심리치료**, 27(2), 231-250.

김용달 (2019, 9, 26). 포항시청소년재단 "청소년 자해 개입" 상담연수. 환경일보. http://www.hkbs.co.kr/news/articleView.html?idxno=533037#_enliple.

김재익, 오주환 (2014). 성, 연령, 교육수준, 직업에 따른 자해, 자살 손상의 특성. **대한응급의학회지**, 25(2), 152-158.

남현주, 윤형식, 이태영, 신채영, 이동훈 (2013). 한 부모 가정 청소년 자녀의 발달과 적응에 관한 최근 연구동향 고찰. **한국심리학회지: 여성**, 18(1), 129-168.

민정향 (2017). **비자살적 자해와 폭식에 대한 정서홍수모델의 검증: 부정조급성과 정서홍수유발요인을 중심으로**. 서울대학교 석사 학위논문.

백보겸 (2017). 자의식적 부정정서가 비자살적 자해에 미치는 영향: 정서조절전략의 매개효과를 중심으로. **한국콘텐츠학회**, 19(3), 385-395.

서종한 (2018). 수용자 자살위험요인 연구: 일반인 자살과 수용자 자살 비교를 중심으로. **한국 형사정책연구**, 29(3), 191-230.

서종한, 김경일 (2018). 구조화된 전문가 판단 모델(SPJ) 기반수용자 자살위험성 평가프로토콜개발 연구. **교정담론**, 12(2), 33-68.

용인시청소년상담복지센터 (2013). 청소년 자해행동의 이해와 개입. 2013 위기청소년포럼, 9월 27일. 용인시청 3층 철쭉실.

유상영 (2018, 11, 26). 청소년 '자해 인증 샷' 유행 … 대책 마련 시급. 금강일보. http://www.ggilbo.com/news/articleView.html?.

유혜은 (2019, 10, 21). 지난해 자살시도자 3만3000여 명 … 6년 새 33% 급증. 이투데이. http://www.etoday.co.kr/news/view/1811867.

육성필, 조윤정 (2019). **자살위기의 이해와 개입: 현장에서의 위기개입워크북**. 박영사.

이동훈, 양미진, 김수리 (2010). 청소년 자해의 이해 및 특성에 대한 고찰. **청소년상담연구지** 18(1), 1-24.

이동귀, 함경애, 배병훈 (2016). 청소년 자해행동. **한국심리학회지: 상담 및 심리치료**, 28(4), 1171-1192.

이서정, 현명호 (2020). 부정정서 상황에서 자살의도 없는 자해시도자의 억제조절 결함. **한국심리학회지: 건강**, 25(1), 243-258.

이우경 (2017). 청소년의 자해 행동 예방을 위한 마음챙김 기반 정서 관리 훈련 효과. **한국학교보건학회지**, 30(3), 295-305.

이혜림 (2013). **청소년의 처벌 민감성과 강화 민감성이 불안, 우울, 자해행동에 미치는 영향: 스트레스와 통제가능성 귀인의 역할**. 가톨릭대학교 대학원 석사학위논문.

임선영 (2014). **부정 긴급성, 부정 정서 및 정서조절곤란이 폭식과 자해행동에 미치는 영향: 다차원적 충동성 이론을 중심으로**. 가톨릭대학교 대학원 박사학위논문.

임영식 (2004). 청소년 자살행동에 영향을 미치는 위험요인과 평가 그리고 예방. **미래청소년학회지**, 1(1), 81-109.

정종훈 (2019, 9, 30). 학업·취업 스트레스. 20대 정신질환 증가율 가장 높다. 중앙일보. https://news.v.daum.net/v/20190930010054306.

최윤경 (2006). **경계선 정신병리와 자기 파괴성의 위험요인**. 고려대학교 대학원 박사학위논문.

한국청소년상담복지개발원 (2013). 청소년 상담복지정책의 성과와 발전 방향, 개원 20주년 기념 세미나.

한지혜 (2018). **성인의 자해동기와 자해행동 간의 관계: 자기조절 수준의 조절효과 검증.** 이화여자대학교 대학원 석사학위논문.

Allen, K. J. D. & Hooley, J. M. (2015). Inhibitorycontrol in people who self−injure: Evidence for impairment and enhancement. *Psychiatry Research, 225*(3), 631−637.

Anderson, Charles, B. J., Peter, R. C., McIntosh, V. V., Bulik, C. M. (2002). The effect of cognitive−behavioral therapy for bulimia nervosa on temperament and character as measured by the Temperament and Character Inventory. C*omprehensive Psychiatry, 43*(3), 182−188.

Andover, M. S. (2014). Non−suicidal self−injury disorder in a community sample of adults. *Psychiatry Research, 219(2),* 305−310.

Andover, M. S., Carolyn, M., Pepper, Karen, A. R., Elizabeth, G. O., & Brandon, E. G. (2005). Self−mutilation and symptoms of depression, anxiety, and borderline personality disorder. *Suicide and Life−Threatening Behavior, 35(5)*, 581−591.

Andover, M. S., Pepper, C., & Gibb, B. E. (2007). Self−mutilation and coping strategies in a college sample. *Suicide and Life−Threatening Behavior, 37*(2), 238−243.

Andover, M. S., Schatten, H. T., Morris, B. W., Holman, C. S., & Miller, I. W. (2017). An intervention for nonsuicidal self−injury in young adults: A pilot randomized controlled trial. *Journal of Consulting and Clinical Psychology, 85*(6), 620-631.

Anestis, M. D., Selby, E. A., & Joiner, T. E. (2007). The role of urgency in maladaptive behaviors. *Behavior Research and Therapy, 45*(12), 3018−3029.

Bender, T. W., Gordon, K. H., Bresin, K., & Joiner, T. E. (2011). Impulsivity and suicidality: The mediating role of painful and provocative experiences. *Journal of Affective Disorders, 129*(1), 301−307.

Bennum, I. (1984). Psychological models of self−mutilation. *Suicide and Life−Threatening Behavior, 14*, 166-186.

Bunclark, J., & Crowe, M. (2000). Repeated self−injury and its management. *International Review of Psychiatry, 12*(1), 48−53.

Buser, T. J., Pitchko, A., & Buser, J. K. (2014). Naturalistic recovery from nonsuicidal self－injury: a phenomenological inquiry. *Journal of Counseling & Development, 92*(3), 438－446.

Butler, A. M., & Malone, K. (2013). Attempted suicide vs non－suicidal self－injury: behaviour, syndrome or diagnosis? *The British Journal of Psychiatry, 202*(5), 324－325.

Castille, K., Prout, M., Marczyk, G., Shmidheiser, M., Yoder, S., & Howlett, B. (2007). The early maladaptive schemas of self－mutilators: Implications for therapy. *Journal of Cognitive Psychotherapy, 21*(1), 58－71.

Chapman, A. L., Gratz, K. L., & Brown, M. Z. (2006). Solving the puzzle of deliberate self－harm: The experiential avoidance model. *Behaviour research and therapy, 44*(3), 371－394.

Cooper, J., Kapur, N., Webb, R., Lawlor, M., Guthrue, E., Mackway－Jones, K., & Appleby, L. (2005). Suicide after deliberate self－harm: A 4－year cohort study. *American Journal of Psychiatry, 162*, 297－303.

Darche, M. A. (1990). Psychological factors differentiating self－mutilating and non－self－mutilating adolescent inpatient females. *Psychiatric Hospital, 21*(1), 31-35.

Deliberto, T. L., & Nock, M. K. (2008). An exploratory study of correlates, onset, and offset of non－suicidal self－injury. *Archives of Suicide Research, 12(*3), 219－231.

Favazza, A. R. (1996). *Bodies under siege: Self－mutilation and body modification in culture and psychiatry*. Baltimore, London: JHU Press.

Fischer, S. & Smith, G. T. (2008). Binge eating, problem drinking, and pathological gambling: Linking behavior to shared traits and social learning. *Personality and Individual Differences, 44*(4), 789－800.

Fliege, H., Lee, J., Grimm, A., & Klapp, B. F. (2008). Risk factors and correlates of deliberate self－harm behavior: A systematic review. *Journal of Psychosomatic Research, 66*(6), 477－493.

Fortune, S. A., & Hawton, K. (2005). Deliberate self－harm in children and adolescents: a research update. C*urrent Paediatrics, 18*(4), 401－406.

Glassman, L. H., Weierich, M. R., Hooley, J. M., Deliberto, T. L., & Nock, M.

K. (2007). Child maltreatment, non−suicidal self−injury, and the mediating role of self−criticism. *Behaviour Research and Therapy, 45*(10), 2483−2490.

Ghaziuddin, M., Tsai, L., Naylor, M., & Ghaziuddin, N. (1992). Mood disorder in a group of self−cutting adolescents. Acta *Paedopsychiatrica, 55*(2), 103−105.

Glenn, C. R., & Klonsky, E. D. (2010). A multimethod analysis of impulsivity in nonsuicidal self−injury. *Personality Disorders: Theory, Research, and Treatment, 1*(1), 67.

Gratz, K. L. (2001). Measurement of deliberate self−harm: Preliminary data on the Deliberate Self−Harm Inventory. Journal of *Psychopathology and Behavioral Assessment, 23*(4), 253-263.

Gratz, K. L., Conrad, S. D., & Roemer, L. (2002). Risk factors for deliberate self−harm among college students. *American Journal of Orthopsychiatry, 72*(1), 128−140.

Gratz, K. L., Dixon−Gordon, K. L., Chapman, A. L., & Tull, M. T. (2015). Diagnosis and characterization of DSM−5 nonsuicidal self−injury disorder using the Clinician−Administered Nonsuicidal Self−Injury Disorder Index. *Journal of Psychopathology and Behavioral Assessment, 22*(5), 527-539.

Gratz, K. L., & Roemer, L. (2004). Multidimensional Assessment of Emotion Regulation and Dysregulation: Development, Factor Structure, and Initial Validation of the Difficulties in Emotion Regulation Scale. *Journal of Psychopathology and Behavioral Assessment, 26*(1), 41−54.

Grenklo, T. B., Kreicbergs, K., Valdimarsdóttir, U. A., Nyberg T., Steineck, G., Fürst, C. J. (2014). Self-injury in youths who lost a parent to cancer: nationwide study of the impact of family−related and health−care−related factors. *Journal of the Psychological, Social,* and *Behavioral Dimensions of Cancer, 23*(9), 989−997.

Gulbas, L. E., Hausmann−Stabile, C., De Luca, S. M., Tyler, T. R. & Zayas, L H. (2015). An exploratory study of non−suicidal self−injury and suicidal behaviors in adolescent Latinas. *American Journal of Orthopsychiatry, 85*, 302-314.

Haines, J., & Williams, C. L. (1997). Coping and problem solving of self−mutilators. *Journal of Clinical Psychology, 53*, 177−186.

Hasking, P., Momeni, R., Swannell, S., & Chia, S. (2008). The nature and extent of non−suicidal self−injury in a non−clinical sample of young adults. *Archives of Suicide Research, 12*, 208-218.

Hawton, K., Zahl, D., & Weatherall, R. (2003). Suicide following deliberate self−harm: Long−term follow−up of patients who presented to a general hospital. *The British Journal of Psychiatry, 182*, 537-542.

Howat, S., & Davidson, K. (2002). Parasuicidal behavior and interpersonal problem solving performance in older adults. *British Journal of Clinical Psychology, 41*, 375-386.

Jacobson, C. M., & Batejan, K. (2014). *Comprehensive theoretical models of nonsuicidal self−injury. In M. K. Nock* (Ed.), The Oxford handbook of suicide and self−injury. New York: Oxford University Press.

Jacobson, C. M., Gould, M. (2007). The epidemiology and phenomenology of non−suicidal self−injurious behavior among adolescents: A critical review of the literature. *Archives of Suicide Research, 11*, 129-147.

Jobes, D. A. (2006). *Managing suicidal risk: A collaborative approach.* New York: The Guilford Publications.

Joiner, T. (2005). *Why people die by suicide?.* Cambridge, MA: Harvard University Press.

Joiner, T. (2012). 왜 사람들은 자살하는가(김재성 역). 서울: 황소자리. (원전은 2005에 출판).

Joiner, T., Conwell, T. E., Fitzpatrick, Y., Witte, K. K., Schmidt, T. K., Berlim, N. B., Fleck, M. T., & Rudd, M. D. (2005). Four studies on how past and current suicidality relate even when "everything but the kitchen sink" Is covaried. *Journal of Abnormal Psychology*, 114(2), 291-303.

Jones, I. H., Congiu, L., Stevenson, J., Strauss, N., & Frei, D. Z. (1979). A biological approach to two forms of human self−injury. *Journal of Nervous and Mental Disease, 167*(2), 74−78.

Kehrer, C. A., & Linehan, M. M. (1996). Interpersonal and emotional problem solving skills and parasuicide among women with borderline personality disorder. *Journal of Personality Disorders, 10*(2), 153-163.

Kernberg, O. F. (1984). *Severe personality disorders: Psychotherapeutic Strategies*. New Haven: Yale University Press.

Klonsky, E. D. (2003). Deliberate self－harm in a nonclinical population: Prevalence and psychological correlates. *American Journal of Psychiatry, 160*, 1501-1508.

Klonsky, E. D. (2009). The functions of self－injury in young adults who cut themselves: Clarifying the evidence for affect－regulation. *Psychiatric Research, 166*, 260-268.

Klonsky, E. D. (2011). Non－suicidal self－injury in United States adults: Prevalence, sociodemographics, topography and functions. *Psychological Medicine, 41*(9), 1981－1986.

Klonsky, E. D., & Glenn, C. R. (2008). Assessing the functions of non－suicidal self－injury: Psychometric properties of the Inventory of Statements About Self－injury (ISAS). *J Psychopathol Behavior Assess.* 31(3), 215-219.

Klonsky, E. D., May, A. M., Glenn, C. R. (2013). The relationship between nonsuicidal self－injury and attempted suicide: Converging evidence from four samples. *Journal of Abnormal Psychology*, 122, 231-237.

Klonsky, E. D., & Muehlenkamp, J. J. (2007). Self－injury: A research review for the practitioner. *Journal of clinical psychology, 63*(11), 1045－1056.

Klonsky, E, D., Muehlenkamp, J. J., Lewis, S. P., & Walsh, B. (2011). *Nonsuicidal self－injury*. Boston: Hogrefe Publishing.

Klonsky, E. D., Olino, T. M. (2008). Identifying clinically distinct subgroups of self－injurers among young adults: A latent class analysis. *Journal of Consulting and Clinical Psychology*, 76, 22-27.

Klonsky, E, D., Oltmanns, T. F., Turkheimer, E. (2003). Deliberate self－harm in a nonclinical population. Prevalence and psychological correlates. *American Journal of Psychiatry. 160*, 1501-1508.

Larsen, R. J., & Diener, R. D. (1987). Affect intensity as an individual difference characteristic. *Journal of Research in Personality*, 21(1), 1－39.

Laye－Gindhu, A., & Schonert, R. K. A. (2005). Nonsuicidal self－harm among community adolescents: Understanding the "whats" and "whys" of self－harm. *Journal of youth and Adolescence, 34*(5), 447－457.

Levy, K. N., Yeomans, F. E., & Diamond, D. (2007). Psychodynamic treatments of self-injury. *Journal of Clinical Psychology, 63*(11), 1105－1120.

Lewis, S. P, & Santor, D. A. (2008). Development and Validation of the Self－Harm Reasons Questionnaire. Suicide and *Life－Threatening Behavior, 38*(1), 104－115.

Linehan, M. M. (1993). *Cognitive－behavioral treatment of borderline personality disorder.* New York: Guilford Publications.

Lynch, T. R., Trost, W. T., Salsman, N., & Linehan, M. M. (2007). Dialectical Behavior Therapy for Borderline Personality Disorder. *Clinical Psychology, 3,* 181－205.

Lloyd－Richardson, E. E., Perrine, N. Dierker, L., & Kelley, M. L. (2007). Characteristics and functions of non－suicidal self－injury in a community sample of adolescents. *Psychol Med, 37*(8), 1183-1192.

Miller, A. L., Rathus, J. H., & Linehan, M. M. (2007). *Dialectical behavior therapy with suicidal adolescents.* New York: Guliford.

Mock, M. K., & Prinstein, M. I. (2004). A Functional approach to the assessment of self－mutlilative behavior. *Journal of Consulting and Clinical Psychology, 72*(5), 885－890.

Mock, M. K., & Prinstein, M. I. (2005). Contexual features and behavioral functions of self－mutilatation among adolescents. *Journal of Abnormal Psychology, 11*(4), 140－146.

Molly. A,, Janice, Zanith, C,, Ludmila, L., & Leslie, S. (2011) Emotional dysregulation and interpersonal difficulties as risk factors for nonsuicidal self－injury in adolescent girls. *Abnorm Child Psychol. 39*(3), 389－400.

Muehlenkamp, J. J. (2006). Empirically supported treatments and general therapy guidelines for non－suicidal self－injury. *Journal of Mental Health Counseling, 28,* 166-185.

Muehlenkamp, J. J., & Gutierrez, P. M. (2007). Risk for suicide attempts among adolescents who engage in non－suicidal self－injury. *Archives of suicide research, 11*(1), 69－82.

Muehlenkamp, J. J., Walsh, B. W., McDade, M. (2010). Preventing non－

suicidal self–injury in adolescents: The Signs of Self–Injury program. *Journal of Youth and Adolescence, 39*, 306-314.

Nixon, M. K., Cloutier, P. F, & Aggarwal, S. (2002). Affect regulation and addictive aspects of repetitive self–injury in hospitalized adolescents. *Journal of the American Academy of Child and Adolescent Psychiatry, 41*, 1333–1341.

Nock, M. K. (2010). Self–injury. A*nnual Review of Clinical Psychology, 6*, 339–363.

Nock, M. K., & Favazza, A. R. (2009). *Non–suicidal self–injury: Definition and classification. In M. K. Nock(Ed.), Understanding nonsuicidal self–injury: Origines, Assessment, and treatment.* Washington, DC: American Psychological. Association.

Nock, M. K., & Mendes, W. B. (2008). Physiological arousal, distress tolerance, and social problem–solving deficits among adolescent self–injurers. *Journal of Consulting and Clinical Psychology*, 76, 28–38.

Nock, M. K., & Prinstein, M. J. (2004). A functional approach to the assessment of self–mutilative behavior. *Journal of Consulting and Clinical Psychology, 72*, 885–890.

Nock, M. K., & Prinstein, M. J. (2005). Clinical features and behavioral functions of adolescent self–mutilation. *Journal of Abnormal Psychology, 114*, 140–146.

Penn, V., Esposito, C. L., Schaeffer, L. E., Fritz, G. K., & Spirito, A. (2003). Suicide attempts and self–mutilative behavior in a juvenile correctional facility. *Journal of the American Academy of Child & Adolescent Psychiatry, 42*(7), 762–769.

Peterson, J., Freedenthal, S., & Coles, A. (2010). Adolescents who self–harm: How to protect them from themselves. *Current Psychiatry Reports. 9*(8), 15-25.

Pollock, L. R., & Williams, M. G. (2001). Effective problem solving in suicide attempters depends on specific autobiographical recall. *Suicide and Life–Threatening Behavior, 31*(4), 386–396.

Prinstein, M. J., & Dodge, K. A. (2008). U*nderstanding peer influence in children and adolescents.* New York: The Guilford Press.

Prinstein, M. J., Guerry, J. D., Browne, C. B., & Rancourt, D. (2009). *Interpersonal models of self−injury. In Nock, M. K. (Ed.), Understanding nonsuicidal self−injury.* Washington, DC: American Psychological Association.

Prinstein, M, J., Heilbron, N., Guerry, J. D., Franklin, J. C., Rancourt, D., Simon, V., Spirito, A. (2010). Peer influence and nonsuicidal self injury: Longitudinal results in community and clinically−referred adolescent samples. *Journal Abnorm Child Psychol. 38*, 669−682.

Riley, E. N., Combs, J. L., Jordan, C. E., & Smith, G.T. (2015). Negative urgency and lack of perseverance: Identification of differential pathways of onset and maintenance risk in the longitudinal prediction of non−suicidal self−injury. Behavior *Therapy, 46*(4), 439−448.

Rodham, K., & Hawton, K. (2009). *Epidemiology and phenomenology of nonsuicidal self−injury. In Nock, M. K. (Ed.), Understanding nonsuicidal self−injury.* Washington, DC: American Psychological Association.

Rosen, P. M., & Walsh, B. W. (1989). Patterns of contagion in self−mutilation epidemics. T*he American Journal of Psychiatry*, 146(5), 656−658.

Ross, S., & Heath, N. (2002). A study of the frequency of self−mutilation in a community sample of adolescents. *Journal of youth and Adolescence, 31*(1), 67−77.

Rotolone, C., & Martin, G. (2012). Giving up self−injury: A comparison of everyday social and personal resources in past vs current self−injurers. *Journal Archives of Suicide Research, 16*(2), 147−158.

Salovey, P., & Mayer, J. (1989) Emotional Intelligence. Imagination, Cognition and Personality, 9(3). https://doi.org/10.2190/DUGG−P24E−52WK−6CDG.

Sansone, R. A., Wiederman, M. W., & Sansone, L. A. (1998). The self-harm inventory (SHI): Development of a scale for identifying self−destructive behaviors and borderline personality disorder. *Journal of clinical psychology, 54*(7), 973−983.

Selby, E. A., Bender, T. W., Gordon, K. H., Nock, M. K. & Joiner, T. E.

(2012). Non−suicidal self−injury (NSSI) disorder: a preliminary study. *Personality Disorders: Theory, Research and Treatment, 3*(2), 167−175.

Shaw, S. N. (2002). Shifting conversations on girls' and women's self−injury: An analysis of the clinical literature in historical context. *Feminism Psychol, 12*(2), 191-219.

Skegg(2005). Self−harm. *The Lancet, 376*(9736), 17−23.

Soloff, P. H., Lis, J. A., Kelly, T., Cornelius, J. R., & Ulrich, R. (1994). Risk factors for suicidal behavior in borderline personality disorder. *The American Journal f Psychiatry, 151*(9), 1316-1323.

Stepp, S. D., Morse, J. Q., Yaggi, K. E., Reynolds, S. K., Reed, L. I., & Pilkonis, P. A. (2008). The role of attachment style and interpersonal problems in suicide−related behaviors. *Suicide and Life−Threatening Behavior, 38*(5), 592−607.

Svirko, E., & Hawton, K. (2007). Self−injurious behavior and eating disorders: The extent and nature of the association. *Suicide and Life−Threatening Behavior, 37*, 409−421.

Swannell, S. V., Martin, G. E., Page, A., Hasking, P., & St John, N. J. (2014). Prevalence of Nonsuicidal Self-Injury in Nonclinical Samples: Systematic Review, Meta−Analysis and Meta−Regression. *Suicide and Life−Threatening Behavior, 44*(3), 273−303.

Trevor, J. B., & Juleen, K. B. (2013). Conceptualizing nonsuicidal self−injury as a process addiction: Review of research and implications for counselor training and practice. *Journal of Addictions & Offender Counseling, 34*, 16−29.

van der Kolk, B. A. (2005). Developmental trauma disorder: Toward a rational diagnosis for children with complex trauma histories. *Psychiatric Annals, 35*, 401-408.

Walker, R. L., Joiner, T. E., & Rudd, M. D. (2001). The course of post−crisis suicidal symptoms: how and for whom is suicide cathartic? *Suicide & Life−threatening Behavior, 31*, 144−152.

Walsh, B. W. (2006). *Treating self−injury: A practical guide*. New York, NY: Guilford Press.

Walsh, B. W. (2007). Clinical assessment of self-injury: A practical guide.

Journal of clinical psychology, 63(11), 1057−1068.

Walsh, B. W., & Rosen, P. M, (1985) *Self−mutilation: theory, research and treatment.* New York: Guilford Press.

Wedig, M. M., & Nock, M. K. (2007). Parental expressed emotion and adolescent self−injury. *Journal of the American Academy of Child and Adolescent Psychiatry, 46,* 1171−1178.

Whitlock, J., Eckenrode, J. & Silverman, D. (2006). Self−injurious behaviors in a college population. *Pediatrics, 117(*6), 1939−1948.

Whitlock, J., & Knox, K. L. (2007). The relationship between self−injurious behavior and suicide in a young adult population. *Archives of pediatrics & adolescent medicine, 161*(7), 634−640.

Whitlock, J., Powers, J. L., & Eckenrode, J. (2006). The virtual cutting edge: The internet and adolescent self−injury. *Developmental Psychology, 42*(3), 407−417.

Whitlock, J., Eells, G., Cummings, N., & Purington, A. (2007). Self−injurious behavior in college populations: Perceptions and experiences of college mental health providers.

Wilkinson, P., Kelvin, R., Roberts, C., Dubicka, B., & Goodyear, I.(2011). Clinical and psychosocial predictors of suicide attempts and non−suicidal self−injury in the Adolescent Depression Antidepressants and Psychotherapy Trial(ADAPT). *American Journal of Psychiatry, 168*(5), 495−501.

Zila, L. M., Kiselica, M. S. (2001). Understanding and counseling self−mutilation in female adolescents and young adults. J*ournal of Counseling & Development, 79,* 46−52.

Zlotnick, C., Mattia, J. I., Zimmerman, M. (1996). Clinical correlates of self−mutilation in a sample of general psychiatric patients. *Journal of Nervous and Mental Disease, 187,* 296−301.

위기관리총서 시리즈 9

비자살적 자해의 이해와 개입

부록

평가도구

개정판 자살행동척도

(The Suicidal Behaviors Questionnaire-Revised: SBQ-R)

사례번호 : ____________	성별 : 남 / 여	연령 : ____________

각 문항을 읽고 당신을 가장 잘 표현해주는 문장 또는 단어에 표시하십시오.
(답변은 각 문항 당 한 개만 고르십시오.)

1. 당신은 지금까지 죽고 싶다는 생각 혹은 자살 시도를 한 적이 있습니까?

1 = 한 번도 없다
2 = **짧게** 지나가는 생각으로 해보았다

3a = 적어도 한 번은 **자살을 계획**했으나, 실제로 시도하진 **않았다**
3b = 적어도 한 번은 **자살을 계획**했으며, 정말로 죽고 싶었다

4a = **자살**을 **시도**해보았지만, 죽고 싶진 **않았다**
4b = **자살**을 **시도**해보았으며, 정말로 죽고 싶었다

2. 지난 일 년간 몇 번이나 죽고 싶다는 생각을 했습니까?

1 = 전혀 하지 않았다　2 = 거의 하지 않았다 (1번)　3 = 약간 했다 (2번)
4 = 때때로 했다 (3－4번)　5 = 자주 했다 (5번 이상)

3. 다른 사람에게 당신이 자살할 것이라고, 또는 자살할 수도 있다고 말한 적이 있습니까?

1 = 없다

2a = 한 번 있다, 하지만 정말로 죽고 싶진 **않았다**
2b = 한 번 있다, 그리고 정말로 죽고 싶었다

3a = 한 번 이상 있다, 하지만 정말로 죽고 싶진 **않았다**
3b = 한 번 이상 있다, 그리고 정말로 죽고 싶었다

4. 당신이 언젠가 자살을 시도할 가능성은 얼마나 됩니까?

0 = 절대 그럴 리 없다
1 = 그럴 가능성은 없다
2 = 가능성이 다소 낮다
3 = 그럴 것 같지 않다
4 = 그럴 것 같다
5 = 가능성이 다소 있다
6 = 가능성이 매우 높다

자해에 대한 진술 척도(Inventory of Statements About Self-injury: ISAS)

※ 이 질문지는 다양한 자해행동을 살펴보기 위한 것입니다. 당신이 자살의 의도 없이(자살의 이유가 아닌) 고의적으로 행한 행동에만 표시해주시기 바랍니다.

1. 다음의 각 항목을 읽고 귀하가 현재까지 자살의 의도 없이 고의적으로 행한 자해행동의 횟수를 추정하여 적어주십시오. (0, 3, 10, 80, 500회 등 대략적으로 적어주십시오.)

(신체 일부분을) 베기/긋기

(신체 일부분을) 깨물기/물어뜯기

(신체를) 불로 지지기/화상 입히기

(신체에) 글자나 상징을 새기기

(신체 일부분을) 꼬집기

머리 잡아 뜯기

(자신의 신체를) 심하게 할퀴거나 긁기

자신을 때리거나 머리를 벽에 부딪히기

상처 회복에 도움이 되지 않는 행동하기
예: (상처) 딱지 떼기

자신의 피부를 울퉁불퉁한 곳에 문지르기

바늘(뾰족한 것)로 찌르기

위험한 물질 삼키기

기타 ______________________________

2. 답변하신 1의 항목 중 자신이 주로 행하는 자해행동(들)이 있다면 해당 항목을 적어주십시오. (여러 개 답변 가능)

3. 당신이 몇 살 때입니까?

자해 행동을 시작한 나이는 몇 살입니까? ____________살

가장 최근에 자해행동을 한 때는 언제입니까? (대략적인 날짜: 년/월/일)

____

4. 자해 시, 신체적 고통을 느낍니까?

1) 예   2) 가끔   3) 아니오

5. 당신은 자해할 때, 혼자 있는 편입니까?

1) 예   2) 가끔   3) 아니오

6. 일반적으로, 자해 충동이 생긴 후 대개 얼마 후에 자해행동을 실행하게 됩니까?

1) 1시간 미만   2) 1~3시간   3) 3~6시간

4) 6~12시간   5) 12~24시간   6) 하루 이상

7. 당신은 자해하는 것을 멈추고 싶(었)습니까?

1) 예   2) 아니오

※ 이 질문지는 (자살의 의도가 없는) 자해경험을 더 자세히 이해하기 위한 것입니다. 아래 항목을 읽고 자신이 자해를 하는 이유와 가장 가까운 번호에 표시해주십시오.

- 이 항목이 자신의 경험과 *전혀 관련이 없다면 0* 에
- 이 항목이 자신의 경험과 *어느 정도 관련이 있다면 1* 에
- 이 항목이 자신의 경험과 *매우 관련이 있다면 2* 에 표시해 주십시오.

"자해를 할 때, 나는 ________________ 한다."

1. … 자신을 진정시키려고	0	1	2
2. … 나와 타인의 관계에서 경계를 설정하려고	0	1	2
3. … 나 자신을 벌하기 위해서	0	1	2
4. … (그 상처를 치료함으로써) 내 자신을 돌보는 방법을 찾기 위해	0	1	2

5. … 고통을 야기함으로써 무감각한(무딘) 감정을 그만 느끼려고	0	1	2
6. … 자살시도하고 싶은 충동을 피하려고	0	1	2
7. … 흥분이나 환희/쾌감을 위한 무언가를 하기 위해	0	1	2
8. … 주변 사람들(또래)과 유대감을 느끼고 싶어서	0	1	2
9. … 내 정서적 고통을 다른 사람이 알았으면 해서	0	1	2
10. … 내가 견딜 수 있는지 알아보려고	0	1	2
11. … 내가 끔찍하다고 느끼는 것을 신체적으로 표시하려고	0	1	2
12. … 다른 사람에게 앙갚음하려고	0	1	2
13. … 내가 감정적으로 다른 사람에게 의지하지 않고 독립적이라는 것을 확인하려고	0	1	2
14. … 마음속에 쌓인 감정적인 압박감을 완화하려고	0	1	2
15. … 내가 다른 사람과 독립된 사람임을 표현하려고	0	1	2
16. … 쓸모없고 어리석은 나 자신에게 분노(화)를 표현하려고	0	1	2
17 … 정서적 고통감보다 돌보기 쉬운 신체적 상처를 만들기 위해	0	1	2
18. … 신체적 고통이 있다고 하더라도, 아무것도 느끼지 않는 것보다는 낫기 때문에	0	1	2
19. … 자살생각이 나서	0	1	2
20. … 극단적인 행동을 해서 나 자신이나 타인의 관심을 받기 위해서	0	1	2
21. … 다른 사람과 어울리려고 혹은 소속감을 느끼려고	0	1	2
22. … 다른 사람들의 도움이나 보살핌을 받고 싶어서	0	1	2
23. … 내가 터프하고 강하다는 것을 보여주려고	0	1	2
24. … 나의 정서적 고통이 현실이라는 것을 나 자신에게 증명하려고	0	1	2
25. … 다른 사람에게 복수하기 위해	0	1	2
26. … 다른 사람의 도움이 필요하지 않다는 것을 보여주려고	0	1	2
27. … 불안, 좌절, 분노, 또는 다른 압도적인 정서들을 줄여보려고	0	1	2
28. … 나 자신과 다른 사람 사이에 벽을 두려고	0	1	2
29. … 나 자신에 대해 불만족스럽고 혐오스러운 마음이 들어서	0	1	2
30. … 상처 치료에 집중하게 되는 것이 즐겁고 만족스러워서	0	1	2
31. … 모든 것이 비현실적으로 느껴질 때 내가 살아있음을 확인하려고	0	1	2
32. … 자살에 대한 생각을 멈추려고	0	1	2
33. … 스카이다이빙 같은 극단적인 행동들과 유사하게 내 한계를 실험해보려고	0	1	2

34. … 친구들이나 사랑하는 사람들과의 우정이나 유대감을 표시하려고(혹은 우정이나 유대감의 징표를 가지고 싶어서)	0	1	2
35. … 사랑하는 사람이 나를 떠나거나 버리지 않게 하려고	0	1	2
36. … 신체적 고통을 감수할 수 있다는 것을 보여주려고	0	1	2
37. … 내가 감정적으로 고통스럽다는 것을 표현하려고	0	1	2
38. … 나와 가까운 사람들에게 상처를 주려고	0	1	2
39. … 내가 자율적이고/독립적이라는 확신을 가지려고	0	1	2
(선택) 위의 항목들보다 더 정확하게 자신의 경험을 표현할 진술이 있다면 적어주십시오.			
(선택) 자신에게 적용되지 않더라도, 위의 항목들에 추가되어야 한다고 생각하는 표현이 있다면 적어주십시오.			

자해기능 평가지(The Functional Assessment of Self-Mutilation : FASM)

성별 : 남 □ 여 □ 나이 : ___________세
※ 다음 질문지는 죽고자 하는 의도 없이 하는 자해인, 비자살적 자해(Non-Suicidal Self-Injury)의 방법 및 빈도, 목적 등에 관해 조사하는 설문지입니다. 개인의 정보가 노출되는 일은 없으므로, 각 문항을 잘 읽고 최대한 솔직하게 답변해주시기 바랍니다.

A. 지난 일 년 또는 그 이전에, 의도적으로 자신의 신체를 훼손하기 위해 다음에 제시된 바와 같은 행동들을 한 적이 있습니까? 있다면 모두 체크해주십시오.

전혀 없음		1회		2회		3회		4회		5회		6회 이상
0	…	1	…	2	…	3	…	4	…	5	…	6

자해방법	횟수							치료를 받았습니까?
1. 칼로 피부를 긋거나 피부에 무엇인가를 새겼다.	0	1	2	3	4	5	6	예/아니오
2. 고의로 자신을 때렸다.	0	1	2	3	4	5	6	예/아니오
3. 자신의 머리카락을 뽑았다.	0	1	2	3	4	5	6	예/아니오
4. 문신을 하였다.	0	1	2	3	4	5	6	예/아니오
5. 몸에 있는 상처를 꼬집었다.	0	1	2	3	4	5	6	예/아니오
6. 피부를 불로 지졌다. (담배, 성냥 또는 다른 뜨거운 물체를 이용하여)	0	1	2	3	4	5	6	예/아니오
7. 물체를 손톱 밑 또는 피부 속에 찔러 넣었다.	0	1	2	3	4	5	6	예/아니오
8. 자신을 깨물었다. (예: 입 또는 입술 등)	0	1	2	3	4	5	6	예/아니오
9. 피가 날 때까지 신체 특정 부위를 꼬집었다.	0	1	2	3	4	5	6	예/아니오
10. 상처가 날 정도로 피부를 긁었다.	0	1	2	3	4	5	6	예/아니오
11. 살갗을 벗겼다.	0	1	2	3	4	5	6	예/아니오
12. 기타(그 행동이 무엇입니까? 아래에 기입해주십시오.)___________________	0	1	2	3	4	5	6	예/아니오

B. 위와 같은 행동을 한 적이 일 년 이내입니까? 만약 일 년 이내가 아니라면, 가장 마지막 자해 시점을 괄호 안에 기입해주십시오.

1. 예
2. 아니오 (_________세)

만약 지난 일 년 동안 또는 그 이전에, 위와 같은 행동들을 한 적이 있다면 다음의 C–H까지의 문항에 응답해주십시오.

C. 위에 열거된 행동들을 할 때 죽고자 하는 의도가 있었습니까?

1. 예
2. 아니오

D. 위에 열거된 행동들을 실행하기 전 위의 행동을 하는 것에 대해 얼마 동안 생각하였습니까?

1. 생각하지 않음
2. 몇 분 동안
3. 1시간 미만
4. 1시간 이상 24시간 미만
5. 하루 이상 일주일 미만
6. 일주일 이상

E. 술을 마시거나 약물을 복용하던 중에 위와 같은 행동을 한 적이 있습니까?

1. 예
2. 아니오

F. 이런 의도적인 자해행동을 하는 동안 고통을 경험했습니까?

1. 심한 고통
2. 중간 정도 고통
3. 약한 고통
4. 고통 없음

G. 위와 같은 방식으로 처음 자해를 한 것이 몇 살이었습니까?

만 __________ 세

H. 아래에 제시된 이유 때문에 앞서 제시된 방법을 사용하여 자해를 한 적이 있습니까? (해당되는 이유를 모두 표시해주십시오.)

0		1		2		3
전혀	…	드물게	…	가끔씩	…	자주

이유	빈도
1. 마비감 또는 공허감을 완화시키기 위해	
2. 주의를 끌기 위해	
3. 고통스럽더라도 무엇인가를 느끼기 위해	
4. 부정적인 반응이라 하더라도, 누군가로부터 반응을 이끌어내기 위해	
5. 부모님 또는 친구들로부터 더 많은 관심을 얻기 위해	
6. 사람들과 함께 있는 것을 피하기 위해	
7. 스스로를 처벌하기 위해	
8. 다른 사람들을 변화시키거나 다르게 행동하도록 하기 위해	
9. 처벌받거나 대가를 치르는 것을 피하기 위해	
10. 나쁜 기분들을 멈추기 위해	
11. 다른 사람들로 하여금 당신이 얼마나 절박한지 알게 하기 위해	
12. 부모가 당신을 더 이해하게 하거나 주목하게 만들기 위해	
13. 혼자 있을 때 어떤 자극을 추구하기 위해	
14. 다른 사람과 함께 있을 때 어떤 자극의 추구를 위해	
15. 도움을 얻기 위해	
16. 다른 사람을 화나게 하기 위해	
17. 편안함을 느끼기 위해	
18. 기타 : ____________________	

자해이유 설문지(The Self-Harm Reasons Questionnaire: SHRQ)

성별 : 남 □ 여 □ 나이 : ______________세
※ 다음 질문지는 죽고자 하는 의도 없이 하는 자해인, 비자살적 자해(Non-Suicidal Self-Injury)의 이유를 조사하는 설문지입니다. 개인의 정보가 노출되는 일은 없으므로, 각 문항을 잘 읽고 최대한 솔직하게 답변해주시기 바랍니다.

1. 슬픔 혹은 우울함을 없애고 싶었다.	1	2	3	4	5	6	7
2. "살아있음"을 느끼고 싶었다.	1	2	3	4	5	6	7
3. 무감각한 느낌을 멈추고 싶었다.	1	2	3	4	5	6	7
4. 죽고 싶었다.	1	2	3	4	5	6	7
5. 무력감을 멈추고 싶었다.	1	2	3	4	5	6	7
6. 절망감을 멈추고 싶었다.	1	2	3	4	5	6	7
7. 행복해지고 싶었다.	1	2	3	4	5	6	7
8. 다른 사람을 향해 분노를 표현하고 싶었다.	1	2	3	4	5	6	7
9. 누군가에게 돌아오고 싶었다.	1	2	3	4	5	6	7
10. 내가 원하지 않으며 나를 압도하는 플래시백, 기억, 혹은 악몽을 멈추고 싶었다.	1	2	3	4	5	6	7
11. 통제권을 되찾고 싶었다.	1	2	3	4	5	6	7
12. 불안감을 없애고 싶었다.	1	2	3	4	5	6	7
13. 스트레스를 없애고 싶었다.	1	2	3	4	5	6	7
14. 나 자신을 벌하고 싶었다.	1	2	3	4	5	6	7
15. 나 자신에게 분노를 표현하고 싶었다.	1	2	3	4	5	6	7

→ 각 문항을 읽고 1점(매우 동의하지 않음)에서 7점(매우 동의함) 중 당신이 자해를 시도한 이유와 가까운 번호에 표시해주십시오.

→ 요인분석 결과 표에 나온 것을 옮겨온 것이라 실제 설문지에 제시되는 순서와는 다를 수 있습니다. (문항 1-6, 7-8, 9-11, 12-13, 14-15 총 5요인)

자해행동척도(Deliberate Self-Harm Inventory : DSHI)

다음 질문들은 **지난 일 년 동안 죽으려는 의도 없이 고의로 자신을 다치게 했던 행동들**에 관한 내용들로 구성되어 있습니다. 각 문항을 잘 읽고 최대한 솔직하게 답변해주시기 바랍니다. (본인에게 해당되는 항목에 모두 표시하시고, '예'라고 답했을 경우에 대략 몇 회 정도인지 횟수를 적어주세요.)

문항내용	아니오	예	횟수
1. 손목이나 팔, 또는 신체의 다른 부위를 칼로 그은 적이 있습니까?	①	②	
2. 담뱃불로 몸에 화상을 입힌 적이 있습니까?	①	②	
3. 라이터나 성냥불로 몸에 화상을 입힌 적이 있습니까?	①	②	
4. 피부에 글자를 새긴 적이 있습니까? (문신 제외)	①	②	
5. 피부에 그림, 무늬 등을 새긴 적이 있습니까? (문신 제외)	①	②	
6. 상처나 피가 날 정도로 심하게 몸을 할퀸 적이 있습니까?	①	②	
7. 피부가 찢어지도록 문 적이 있습니까?	①	②	
8. 사포로 몸을 문지른 적이 있습니까?	①	②	
9. 피부에 산(예: 황산, 염산 등)을 떨어뜨린 적이 있습니까?	①	②	
10. 표백제나 세척제로 피부를 문질러 씻은 적이 있습니까?	①	②	
11. 바늘, 핀과 같은 날카로운 물건으로 피부를 찌른 적이 있습니까? (문신, 귀 뚫기, 주사, 바디 피어싱 제외)	①	②	
12. 유리로 피부를 문지른 적이 있습니까?	①	②	
13. 자신의 뼈를 고의로 부러뜨린 적이 있습니까?	①	②	
14. 멍이 생길 만큼 머리를 무언가에 부딪쳤던 적이 있습니까?	①	②	
15. 멍이 생길 만큼 자신을 때린 적이 있습니까?	①	②	
16. 몸에 난 상처를 치료하지 않고 내버려둔 적이 있습니까?	①	②	

관련 기관 안내

일반 정신 건강 관련 기관

기관명	연락처
〈정부 및 공공기관 및 유관기관〉	
보건복지부	129 (공휴일, 야간: 044-202-2118)
국립정신건강센터	02-2204-0114
중앙정신건강복지사업지원단	02-747-3070
질병관리본부	043-719-7065
국방헬프콜	1303
중앙장애인권익옹호기관	02-6951-1790
〈경찰 트라우마센터〉	
서울보라매병원	02-870-2114
대전유성선병원	1588-7011
부산온종합병원	051-607-0114
광주조선대학교병원	062-220-3398
〈광역정신건강복지센터〉	
서울시정신건강복지센터	02-3444-9934
경기도정신건강복지센터	031-212-0435~6
인천광역정신건강복지센터	032-468-9911
충청북도광역정신건강복지센터	043-217-0597
충청남도광역정신건강복지센터	041-633-9183
대전광역정신건강복지센터	042-486-0005
경상남도정신건강복지센터	055-239-1400
경상북도정신건강복지센터	054-748-6400
대구광역정신건강복지센터	053-256-0199
전라북도광역정신건강복지센터	063-251-0650
전라남도광역정신건강복지센터	061-350-1700

기관명	연락처
광주광역정신건강복지센터	062-600-1930
강원도광역정신건강복지센터	033-251-1970
울산광역정신건강복지센터	052-716-7199
부산광역정신건강복지센터	051-242-2575
제주특별자치도광역정신건강복지센터	064-717-3000
〈지역별 정신건강복지센터〉 - 서울	
강남구정신건강복지센터	02-2226-0344
강동구정신건강복지센터	02-471-3223
강북구정신건강복지센터	02-985-0222
강서구정신건강복지센터	02-2600-5926
관악구정신건강복지센터	02-879-4911
광진구정신건강복지센터	02-450-1895
구로정신건강복지센터	02-860-2618
금천구정신건강복지센터	02-3281-9314
노원구정신건강복지센터	02-950-4591
도봉구정신건강복지센터	02-900-5783
동대문구정신건강복지센터	02-963-1621
동작구정신건강복지센터	02-588-1455
마포구정신건강복지센터	02-3272-4937
서대문구정신건강복지센터	02-337-2165
서초구정신건강복지센터	02-2155-8215
성동구정신건강복지센터	02-2298-1080
성북구정신건강복지센터	02-2241-6304
송파정신건강복지센터	02-421-5871
양천구정신건강복지센터	02-2061-8881
영등포구정신건강복지센터	02-2670-4753
용산구정신건강복지센터	02-2199-8370
은평구정신건강복지센터	02-353-2801
종로구정신건강복지센터	02-745-0199
중구정신건강복지센터(서울)	02-2236-6606

기관명	연락처
중랑구정신건강복지센터	02－3422－5921~3
－ 경기도	
가평군정신건강복지센터	031－581－8881
고양시아동청소년정신건강증진센터	031－908－3567
고양시정신건강증진센터	031－968－2333
과천시정신건강증진센터	02－504－4440
광명시정신건강복지센터	02－897－7786
광주시정신건강복지센터(경기)	031－762－8728
구리시정신건강복지센터	031－550－8614
군포시정신건강증진센터	031－461－1771
김포시정신건강복지센터	031－998－2005
남양주시정신건강복지센터	031－592－5891
동두천시정신건강복지센터	031－863－3632
부천시정신건강복지센터	032－654－4024~7
성남시소아청소년정신건강복지센터	031－751－2445
성남시정신건강복지센터	031－754－3220
수원시노인정신건강센터	031－273－7511
수원시아동청소년정신건강센터	031－242－5737
수원시정신건강복지센터	031－247－0888
수원시행복정신건강복지센터	031－253－5737
시흥시정신건강복지센터	031－316－6661
안산시정신건강복지센터	031－411－7573
안성시정신건강복지센터	031－378－5361~9
안양시정신건강복지센터	031－469－2989
양주시정신건강복지센터	031－840－7320
양평군정신건강복지센터	031－770－3526
여주시정신건강복지센터	031－886－3435
연천군정신건강증진센터	031－832－8106
오산시정신건강증진센터	031－374－8680
용인시정신건강증진센터	031－286－0949
의왕시정신보건센터	031－458－0682
의정부시정신건강복지센터	031－828－4547

기관명	연락처
이천시정신건강복지센터	031－637－2330
파주시정신건강증진센터	031－942－2117
평택시정신건강증진센터	031－658－9818
포천시 정신건강복지센터	031－532－1655
하남시정신건강복지센터	031－793－6552
화성시정신건강복지센터	031－369－2892
－ 인천	
강화군정신건강복지센터	032－932－4093
계양구정신건강복지센터	032－547－7087
부평구정신건강증진센터	032－330－5602
연수구정신건강복지센터	032－749－8171~7
인천남구정신건강복지센터	032－421－4045~6
인천남동구정신건강복지센터	032－465－6412
인천동구정신건강복지센터	032－765－3690~1
인천서구정신건강증진센터	032－560－5006, 5039
인천중구정신건강증진센터	032－760－6090
－ 충남	
계룡시정신건강복지센터	042－840－3584/3570
공주시정신건강복지센터	041－852－1094
금산군정신건강복지센터	041－751－4721
논산시정신건강복지센터	041－746－8073/4076
당진시정신건강복지센터	041－352－4071
보령시보건소정신건강복지센터	042－930－4184
부여군보건소정신건강복지센터	041－830－2502
서산시정신건강복지센터	041－661－6592
서천군정신건강복지센터	041－950－6733
아산시정신건강복지센터	041－537－4353
예산군정신건강복지센터	041－339－8029
천안시정신건강복지센터(동남구)	041－521－2664
천안시정신건강복지센터(서북구)	041－571－0199

기관명	연락처
청양군보건의료원 정신건강복지센터	041－940－4546
태안군보건의료원 정신건강복지센터	041－671－5398
홍성군정신건강복지센터	041－630－9076/보건소－9057
－ 충북	
괴산군정신건강증진센터	043－832－0330
단양군정신건강복지센터	043－420－3245
보은군정신건강복지센터	043－544－6991
영동군정신건강복지센터	043－740－5613/5624
옥천군정신건강복지센터	043－730－2195
음성군정신건강증진센터	043－872－1883~4, 043－878－1882
제천시정신건강복지센터	043－646－3074~5
증평군정신건강증진센터	043－835－4277
진천군정신건강증진센터	043－536－8387
청주시상당정신건강복지센터	043－201－3122~9
청주시서원정신건강복지센터	043－291－0199
청주시흥덕정신건강복지센터	043－234－8686
청주시청원정신건강복지센터	043－215－6868
충주시정신건강복지센터	043－855－4006
－ 세종	
세종시정신건강복지센터	044－861－8521
－ 대전	
대덕구정신건강복지센터	042－931－1671
동구정신건강복지센터(대전)	042－673－4619
서구정신건강증진센터(대전)	042－488－9748
유성구정신건강증진센터	042－825－3527
중구정신건강증진센터(대전)	042－257－9930
－ 경남	
거제시보건소정신건강복지센터	055－639－6119
거창군정신건강증진센터	055－940－8344/8384

기관명	연락처
고성군보건소정신건강복지센터	055－670－4057~8
김해시정신건강복지센터	070－4632－2900
남해군보건소정신건강복지센터	055－860－8701
밀양시정신건강복지센터	055－359－7081
사천시보건소정신건강복지센터	055－831－2795/3575
산청군정신건강복지센터	055－970－7553
양산시정신건강복지센터	055－367－2255
의령군보건소/의령군정신건강증진센터	055－570－4093/4023
진주시보건소정신건강증진센터	055－749－4575/5774
창녕군정신건강복지센터	055－530－6225
창원시 마산정신건강복지센터	055－225－6031
창원시 진해정신건강복지센터	055－225－6691
창원시 창원정신건강복지센터	055－287－1223
통영시정신건강복지센터	055－650－6122/6153
하동군정신건강복지센터	055－880－6670
함안군보건소정신건강복지센터	055－580－3201/3131
함양군보건소정신건강복지센터	055－960－5358/4685
합천군보건소정신건강복지센터	055－930－4835/3720
－ 경북	
경산시정신건강복지센터	053－816－7190
경주시정신건강복지센터	054－777－1577
구미시정신건강복지센터	054－480－4047
김천시정신건강복지센터	054－433－4005
문경시정신건강증진센터	054－554－0802
봉화군정신건강복지센터	054－679－1126
상주시정신건강복지센터	054－536－0668
성주군정신건강복지센터	054－930－8112

기관명	연락처
안동시정신건강복지센터	054-842-9933
영덕군정신건강복지센터	054-730-7161~4
영주시 정신건강복지센터	054-639-5978
영천시정신건강증진센터	054-331-6770
칠곡군정신건강복지센터	054-973-2024
포항시남구정신건강복지센터	054-270-4073/4091
포항시북구정신건강증진센터	054-270-4193~8
- 대구	
남구정신건강증진센터(대구)	053-628-5863
달서구정신건강복지센터	053-637-7851
달성군정신건강증진센터	053-643-0199
동구정신건강복지센터(대구)	053-983-8340,2
북구정신건강복지센터(대구)	053-353-3631
서구정신건강증진센터(대구)	053-564-2595
수성구정신건강증진센터	053-756-5860
중구정신건강복지센터(대구)	053-256-2900
- 전남	
강진군정신건강복지센터	061-430-3542/3560
고흥군정신건강복지센터	061-830-6636/6673
광양시정신건강증진센터	061-797-3778
곡성군정신건강복지센터	061-363-9917
구례군정신건강복지센터	061-780-2023/2047
나주시정신건강증진센터	061-333-6200
담양군보건소/담양군정신건강복지센터	061-380-3995
목포시정신건강복지센터	061-276-0199
무안정신건강복지센터	061-450-5032
보성군정신건강증진센터	061-853-5500
순천시정신건강복지센터	061-749-6884/6928
여수시정신건강복지센터	061-659-4255/4289

기관명	연락처
영광군정신건강복지센터	061-350-5666, 061-353-9401
완도군정신건강증진센터	061-550-6742/6745
장성군정신건강증진센터	061-390-8373/395-0199
장흥군정신건강복지센터	061-860-0549/0541
진도군정신건강복지센터	061-540-6058
함평군정신건강복지센터	061-320-2428/2512
해남군정신건강복지센터	061-531-3763/3767
화순군정신건강복지센터	061-379-5305
- 전북	
고창군정신건강증진센터	063-563-8738
군산시정신건강증진센터	063-445-9191
김제시정신건강복지센터	063-542-1350
남원시정신건강복지센터	063-635-4122
부안군정신건강증진센터	063-581-5831
완주군정신건강복지센터	063-262-3066
익산시정신건강증진센터	063-841-4235
전주시정신건강증진센터	063-273-6995~6
정읍시정신건강증진센터	063-535-2101
진안군 정신건강증진센터	063-432-8529
무주군정신건강복지센터	063-320-8232
- 광주	
광산구정신건강증진센터	062-941-8567
광주남구정신건강증진센터	062-676-8236
광주동구정신건강증진센터	062-233-0468
광주북구정신건강증진센터(본소)	062-267-5510
광주북구정신건강복지센터(분소)	062-267-4800
광주서구정신건강증진센터	062-350-4195

기관명	연락처
– 강원도	
강릉시정신건강복지센터	033－651－9668
고성군정신건강복지센터(강원)	033－682－4020
동해시정신건강복지센터	033－533－0197
삼척시정신건강복지센터	033－574－0190
속초시정신건강복지센터	033－633－4088
양구군정신건강복지센터	033－480－2789
양양군정신건강증진센터	033－673－0197, 0199
영월군정신건강복지센터	033－374－0199
원주시정신건강복지센터	033－746－0198
인제군보건소정신건강복지센터	033－460－2245, 033－461－7427
정선군보건소정신건강복지센터	033－560－2896
철원군보건소철원군정신건강증진센터	033－450－5104
춘천시정신건강복지센터	033－241－4256
태백시정신건강복지센터	033－554－1278
평창군보건의료원정신건강복지센터	033－330－4872
홍천군정신건강증진센터	033－430－4035
화천군보건소정신건강복지센터	033－441－4000
횡성군정신건강증진센터	033－345－9901
– 울산	
울산울주군정신건강복지센터	052－262－1148
울산남구정신건강복지센터	052－227－1116
울산동구정신건강복지센터	052－233－1040
울산북구정신건강복지센터	052－288－0043
울산중구정신건강증진센터	052－292－2900
– 부산	
강서구정신건강증진센터(부산)	051－970－3417
금정구정신건강증진센터	051－518－8700

기관명	연락처
기장군정신건강증진센터	051－727－5386
남구정신건강증진센터(부산)	051－626－4660,1
동구정신건강복지센터(부산)	051－911－4600
동래구정신건강복지센터	051－507－7306~7
북구정신건강복지센터(부산)	051－334－3200
사상구정신건강증진센터	051－314－4101
사하구정신건강복지센터	051－265－0512
서구정신건강증진센터(부산)	051－256－1983
수영구정신건강증진센터	051－714－5681
연제구정신건강복지센터	051－861－1914
영도구정신건강복지센터	051－404－3379
중구정신건강복지센터(부산)	051－257－7057
진구정신건강증진센터	051－638－2662
해운대구정신건강복지센터	051－741－3567
– 제주	
서귀포시정신건강복지센터	064－760－6553
제주시정신건강증진센터	064－728－4075
〈지방 보건소〉 – 전남	
신안군보건소	061－240－8095
영암군보건소	061－470－6539
– 전북	
순창군보건의료원	063－650－5247
임실군보건의료원	063－640－3144
장수군보건의료원	063－350－3162
– 경북	
고령군보건소	054－954－1300
청도군보건소	054－370－6296
군위군보건소	054－383－4000
예천군보건소	054－650－8033
영양군보건소	054－680－5132
울릉군보건의료원	054－790－6871
의성군보건소	054－830－6684
청송군보건의료원	054－870－7200

자살 관련 기관

기관명	연락처
한국자살예방협회	02-413-0892-3
한마음한몸자살예방센터	02-318-3079
사랑의전화상담센터	02-3272-4242
불교상담개발원(자비의전화)	02-737-7378
(사)생명존중교육협의회	02-904-6647
기독교자살예방센터	070-8749-2114
중앙자살예방센터	02-2203-0053
〈생명의 전화〉	
한국생명의전화	02-763-9195
서서울생명의전화	02-2649-9233
수원생명의전화	031-237-3120
안양생명의전화	031-383-9114
고양생명의전화	031-901-1391
부천생명의전화	032-325-2322
충주생명의전화	043-842-9191
광주생명의전화	062-232-9192
전주생명의전화	063-286-9192
대구생명의전화	053-475-9193
포항생명의전화	054-252-9177
울산생명의전화	052-265-5570
부산생명의전화	051-807-9195
제주생명의전화	064-744-9190
〈광역자살예방센터〉	
서울시자살예방센터	02-3458-1000
경기도자살예방센터	031-212-0437
인천광역시자살예방센터	032-468-9911
대구광역자살예방센터	053-256-0199
광주광역자살예방센터	062-600-1930
강원도자살예방센터	033-251-1970
부산광역자살예방센터	051-242-2575
〈지역자살예방센터〉 - 서울	
성동구자살예방센터	02-2298-7119

기관명	연락처
성북구자살예방센터	02-916-9118
- 경기	
가평군자살예방센터	031-581-8872
광명시자살예방센터	02-2618-8255
성남시정신건강증진센터부설 성남시자살예방센터	031-754-3220
수원시자살예방센터	031-247-3279
시흥시자살예방센터	031-316-6664
안산시자살예방센터	031-418-0123
여주시자살예방센터	031-886-3435
양평군정신건강복지센터부설 양평군자살예방센터	031-770-3532, 26
용인시자살예방센터	070-4457-9373
이천시자살예방센터	031-637-2330
의정부시정신건강복지센터부설 의정부자살예방센터	031-828-4547
화성시자살예방센터	031-369-2892
- 인천	
인천남구자살예방센터	032-421-4047
- 충남	
천안시자살예방센터	041-571-0199
- 전북	
남원시자살예방센터	063-635-4122
- 강원	
강릉시정신건강복지센터부설 강릉자살예방센터	033-651-9668
원주시정신건강복지센터부설 원주자살예방센터	033-746-0198
홍천군정신건강복지센터부설 홍천자살예방센터	033-435-7482
- 울산	
울산남구자살예방센터	052-227-1116
울산동구자살예방센터	052-233-1040
울산북구자살예방센터	052-288-0043
울산중구자살예방센터	052-292-2900

여성 관련 기관

기관명	연락처
〈여성 긴급전화 1366〉	
중앙센터	1366
서울	02－1366
경기	031－1366
경기북부	031－1366
인천	032－1366
충북	043－1366
충남	041－1366
대전	042－1366
전북	063－1366
전남	061－1366
광주	062－1366
경북	054－1366
경남	055－1366
대구	053－1366
강원	033－1366
울산	052－1366
부산	051－1366
제주	064－1366
〈여성 관련 전문 기관〉	
(사)한국여성상담센터	02－953－1704
(사)한국여성장애인연합	02－3675－9935, 02－766－9935
〈한국 여성의 전화〉	
서울강서양천여성의전화	02－2605－8466
김포여성의전화	가정폭력상담: 031－986－0136
광명여성의전화	가정폭력상담: 02－2060－2545 이메일상담: kmwhl@hanmail.net
성남여성의전화	가정폭력상담: 031－751－6677 성폭력상담: 031－751－1120 이메일상담: snwhl@naver.com
수원여성의전화	가정폭력상담: 031－232－6888

기관명	연락처
	성폭력상담: 031－224－6888 성매매상담: 031－222－0122 청소년열린터: 031－253－8298
시흥여성의전화	여성폭력상담: 031－496－9393 가정폭력상담: 031－496－9494 이메일상담: shwhl@jinbo.ne
안양여성의전화	가정폭력상담: 031－468－1366 성폭력상담: 031－466－1366
부천여성의전화	상담: 032－328－9711
강릉여성의전화	상담 : 033－643－1982, 033－643－1985 이메일상담: gw1985@hanmail.net
군산여성의전화	상담: 063－445－2285
익산여성의전화	상담: 063－858－9191 이메일상담: iswhl@hanmail.net
전주여성의전화	상담: 063－283－9855, 063－282－1366
영광여성의전화	상담: 061－352－1321
청주여성의전화	여성폭력상담: 043－252－0966, 043－252－0968
천안여성의전화	여성폭력상담: 041－561－0303
창원여성의전화	여성폭력상담: 055－267－1366, 055－283－8322
진해여성의전화	상담: 055－546－8322, 055－546－0036 참살이: 055－546－1409 이메일상담: jhwhl01@hanmail.net
광주여성의전화	일반상담: 062－363－0442~3 가정폭력상담: 062－363－0485 성폭력상담: 062－363－0487 성매매상담: 062－384－8297
대구여성의전화	가정폭력상담: 053－471－6482 성폭력상담: 053－471－6483 이메일상담: esco10@hananet.net
울산여성의전화	여성주의상담: 052－244－1555

기관명	연락처
부산여성의전화	가정폭력상담: 051-817-6464 성폭력상담: 051-817-6474
〈한국여성민우회〉	
한국여성민우회	02-737-5763
한국여성민우회 (성폭력 상담)	02-335-1858
한국여성민우회 (여성연예인인권 지원)	02-736-1366
서울남서여성민우회	02-2643-1253
서울동북여성민우회	02-3492-7141
고양파주여성민우회	031-907-1003
군포여성민우회	031-396-0201
인천여성민우회	032-525-2219
광주여성민우회	062-529-0383
진주여성민우회	055-743-0410
원주여성민우회	033-732-4116
춘천여성민우회	033-255-5557

아동 관련 기관

기관명	연락처
중앙아동보호전문기관	02－558－1391
〈지역아동센터〉	
한국지역아동센터연합회	1544－4196
지역아동센터중앙지원단	02－365－1264, 02－581－1264
서울지원단	02－2632－3125
인천지원단	032－425－7327－8
경기북부지원단	031－595－7859/7869
경기남부지원단	031－236－2729
충북지원단	043－287－9095
충남지원단	041－557－2729
대전지원단	042－226－2729
강원지원단	033－255－1008,9
전북지원단	063－274－5479
전남지원단	061－272－7951~2
광주지원단	062－522－9976, 062－521－9975
경북지원단	054－463－7275~6
울산지원단	052－221－2729
경남지원단	055－252－1379
대구지원단	053－476－1613
부산지원단	051－440－3020~1
제주지원단	064－756－5579
〈아동보호전문기관〉 － 서울	
중앙아동보호전문기관	02－558－1391
노원구아동보호전문기관	02－974－1391
서울동남권아동보호전문기관	02－474－1391
서울특별시아동보호전문기관	02－2040－4242
서울특별시동부아동보호전문기관	02－2247－1391
서울강서아동보호전문기관	02－3665－5183~5
서울은평아동보호전문기관	02－3157－1391
서울영등포아동보호전문기관	02－842－0094

기관명	연락처
서울성북아동보호전문기관	02－923－5440
서울마포아동보호전문기관	02－422－1391
－ 경기	
수원아동보호전문기관	031－8009－0080
경기평택아동보호전문기관	031－652－1391
경기시흥아동보호전문기관	031－316－1391
경기용인아동보호전문기관	031－275－6177
안산시아동보호전문기관	031－402－0442
경기도아동보호전문기관	031－245－2448
경기북부아동보호전문기관	031－874－9100
경기성남아동보호전문기관	031－756－1391
경기고양아동보호전문기관	031－966－1391
경기부천아동보호전문기관	032－662－2580
경기화성아동보호전문기관	031－227－1310
경기남양주아동보호전문기관	031－592－9818
－ 인천	
인천남부아동보호전문기관	032－424－1391
인천광역시아동보호전문기관	032－434－1391
인천북부아동보호전문기관	032－515－1391
－ 충청북도	
충청북도아동보호전문기관	043－216－1391
충북북부아동보호전문기관	043－ 645－9078
충북남부아동보호전문기관	043－731－3686
－ 충청남도	
충청남도서부아동보호전문기관	041－635－1106
충청남도아동보호전문기관	041－578－2655
충청남도남부아동보호전문기관	041－734－6640~1
－ 대전	
대전광역시아동보호전문기관	042－254－6790
－ 세종시	
세종시아동보호전문기관	044－864－1393

기관명	연락처
– 전라북도	
전라북도아동보호전문기관	063－283－1391
전라북도서부아동보호전문기관	063－852－1391
전라북도서부아동보호전문기관 군산분소	063－734－1391
전라북도동부아동보호전문기관	063－635－1391~3
– 전라남도	
전남중부권아동보호전문기관	061－332－1391
전라남도아동보호전문기관	061－753－5125
전남서부권아동보호전문기관	061－285－1391
전남서부권아동보호전문기관 분사무소	061－284－1391
– 광주	
빛고을아동보호전문기관	062－675－1391
광주광역시아동보호전문기관	062－385－1391
– 경상북도	
경북남부아동보호전문기관	054－745－1391
경북북부아동보호전문기관	054－853－0237~8
경북동부아동보호전문기관	054－284－1391
경북서부아동보호전문기관	054－455－1391
– 경상남도	
김해시아동보호전문기관	055－322－1391
경상남도아동보호전문기관	055－244－1391
경상남도아동보호전문기관 양산사무소	055－367－1391
경남서부아동보호전문기관	055－757－1391
– 대구	
대구광역시북부아동보호전문기관	053－710－1391
대구광역시남부아동보호전문기관	053－623－1391
대구광역시아동보호전문기관	053－422－1391
– 강원	
강원남부아동보호전문기관	033－535－5391

기관명	연락처
강원도아동보호전문기관	033－244－1391
강원동부아동보호전문기관	033－644－1391
강원서부아동보호전문기관	033－766－1391
– 울산	
울산남부아동보호전문기관	052－256－1391
울산광역시아동보호전문기관	052－245－9382
– 부산	
부산남부아동보호전문기관	051－791－1360
부산서부아동보호전문기관	051－711－1391
부산광역시아동보호전문기관	051－791－1391
부산동부아동보호전문기관	051－715－1391
– 제주	
제주특별자치도아동보호전문기관	064－712－1391~2
서귀포시아동보호전문기관	064－732－1391
〈아동학대예방센터〉	
서울특별시아동학대예방센터	02－2040－4242
서울동부아동학대예방센터	02－2247－1391
서울강서아동학대예방센터	02－3665－5184
서울은평아동학대예방센터	02－3157－1391
서울영등포아동학대예방센터	02－842－0094
서울성북아동학대예방센터	02－923－5440
서울마포아동학대예방센터	02－422－1391
서울동남권아동학대예방센터	02－474－1391
〈아동학대예방협회_민간단체〉 – 서울	
서울시 강동구 지회	010－7169－7851
서울시 강서구 지회	010－5239－7334
서울시 강북구 지회	011－790－7707
서울시 구로구 지회	010－6747－0101
서울시 관악구 지회	02－884－2795, 010－6265－2745
서울 강북구 수유 지회	010－5001－7299
서울시 금천구 지회	010－3207－7932
서울시 노원구 지회	010－5084－8425

기관명	연락처
서울시 동대문구 이문지회	010-7302-1122
서울시 동대문구 지회	010-2322-5258
서울시 동작구 지회	010-3780-5874, 02-826-4916
서울시 동작구 상도 지회	010-8728-1366
서울시 서대문구 지회	010-5313-0655
서울시 송파구 지회	010-5280-1497
서울시 양천구 지회	010-8745-3644
서울시 영등포구 지회	010-6656-8309
서울시 용산구 지회	010-3383-7413
서울시 서초구 지회	02-599-6009, 010-4728-5591
서울시 성북구 지회	02-599-6009, 010-4728-5591
서울시 성동구 지회	02-2297-1896, 010-9377-1896
서울시 중랑구 지회	010-3288-3010
서울시 강남구 지회	010-2848-1215
- 인천	
인천광역시 중구 지부	010-3225-8938
- 경기도	
경기도 지부	031-654-7797, 010-9475-7787
경기도 고양시 지회	010-8280-0699
경기도 광명시 지회	010-8327-9819
경기도 일산시 서구 지회	010-2571-0192
경기도 이천시 지회	02-2201-6501, 010-2555-7111
경기도 안양시 지회	010-7316-1569
경기도 안산시 지회	010-2055-1569
경기도 용인시 지회	031-282-2221, 010-8921-2526
경기도 수원시 지회	010-6280-8596
경기도 수원시 권선구 지회	031-237-1515, 010-2004-8281
경기도 수원시 영통구 지회	031-216-1159

기관명	연락처
경기도 수원시 장안구 지회	010-9282-9892
경기도 수원시 팔달구 지회	010-5350-7919
경기도 성남시 지회	031-781-2611
경기도 오산시 지회	010-6727-4447
경기도 부천시 지회	010-8744-4957
경기도 평택시 비전 지회	010-3337-3044
경기도 성남시 분당구 지회	010-8216-5777
경기도 화성시 지회	031-226-2004, 010-2599-7685
경기도 화성시 남부지회	031-221-1190, 010-2375-1190
경기도 화성시 서부지부	031-227-7268, 010-4023-7218
경기도 화성시 동부지회	010-2842-7656
경기도 화성 서남부지회	010-5006-9861
경기도 화성 북부지회	010-7477-5713
경기도 화성시 화성융건지회 지회장	010-3310-2075
- 경상남도	
경상남도 함안 지회	055-582-7589, 010-3066-7099
- 경상북도	
경상북도 지부	054-532-1473
- 전라북도	
전북지회	010-4001-1010
- 전라남도	
전라남도 광주시 남구 지회	010-2214-4800
- 충청남도	
충청남도 지부	041-545-6521, 010-5451-6522
충청남도 보령시 지회	041-935-0160
충청남도 예산시 지회	041-335-1961, 010-2519-8474
충청남도 태안군 지부	010-9699-7179

기관명	연락처
– 강원도	
강원도 지부	033–255–1387 010–9589–8079
– 울산	
울산광역시 울산 지부	010–2562–1455
울산광역시 울주군 지회	010–9311–4830
– 제주	
제주특별자치도 지부	064–725–1200, 010–3751–2864

청소년 관련 기관

기관명	연락처
에듀넷 도란도란 학교폭력예방	117
청소년 사이버상담센터	1388
청예단 학교폭력SOS지원단	02－598－1640
탁틴내일(아동청소년성폭력 상담소)	02－3141－6191
〈청소년상담복지센터〉	
서울특별시청소년상담복지센터	02－2285－1318
서울강남구청소년상담복지센터	02－2226－8555
서울강동구청소년상담복지센터	070－8819－1388
서울강북구청소년상담복지센터	02－6715－6661
서울강서구청소년상담복지센터	02－2061－8998
서울관악구청소년상담복지센터	02－872－1318
서울광진구청소년상담복지센터	02－2205－2300
서울구로구청소년상담복지센터	02－852－1319
서울금천구청소년상담복지센터	02－803－1873
서울노원구청소년상담복지센터	02－2091－1387
서울도봉구청소년상담복지센터	02－950－9641
서울동대문구청소년상담복지센터	02－2236－1377
서울동작구청소년상담복지센터	02－845－1388
서울마포구청소년상담복지센터	02－3153－5982
서울서대문구청소년상담복지센터	02－3141－1318
서울서초구청소년상담복지센터	02－586－9128
서울성동구청소년상담복지센터	02－2299－1388
서울성북구청소년상담복지센터	02－3292－1779
서울송파구청소년상담복지센터	02－449－7173
서울양천구청소년상담복지센터	02－2646－8341
서울영등포구청소년상담복지센터	02－2676－6114
서울용산구청소년상담복지센터	02－716－1318
서울은평구청소년상담복지센터	02－384－1318
서울종로구청소년상담복지센터	02－762－1318

기관명	연락처
서울중랑구청소년상담복지센터	02－496－1895
부산광역시청소년상담복지센터	051－804－5001 ~2
부산금정구청소년상담복지센터	051－581－2084
부산기장군청소년상담복지센터	051－792－4880
부산남구청소년상담복지센터	051－621－1389
부산동래구청소년상담복지센터	051－555－1387
부산북구청소년상담복지센터	051－343－1388
부산사하구청소년상담복지센터	051－207－7169
부산서구청소년상담복지센터	051－714－3013
부산수영구청소년상담복지센터	051－759－8413
부산영도구청소년상담복지센터	051－405－5605
부산진구청소년상담복지센터	051－868－0956
부산해운대구청소년상담복지센터	051－731－4046
사상구청소년상담복지센터	051－327－1388
대구광역시청소년상담복지센터	053－659－6240
대구남구청소년상담복지센터	053－624－0996
대구달서구청소년상담복지센터	053－638－1388
대구달성군청소년상담복지센터	053－614－1388
대구동구청소년상담복지센터	053－984－1319
대구북구청소년상담복지센터	053－324－7388
대구서구청소년상담복지센터	053－562－1388
대구수성구청소년상담복지센터	053－759－1388
대구중구청소년상담복지센터	053－423－1377
인천광역시청소년상담복지센터	032－429－0394
인천계양구청소년상담복지센터	032－547－0855
인천남동구청소년상담복지센터	032－469－7197
인천동구청소년상담복지센터	032－777－1388
인천미추홀구청소년상담복지센터	032－862－8751
인천부평구청소년상담복지센터	032－509－8916
인천서구청소년상담복지센터	032－584－1388
인천연수구청소년상담복지센터	032－818－0358

기관명	연락처
인천중구청소년상담복지센터	032-773-1317
광주광역시청소년상담복지센터	062-226-8181
광주광산구청소년상담복지센터	062-943-1388
광주남구청소년상담복지센터	062-675-1388
광주동구청소년상담복지센터	062-229-3308
광주북구청소년상담복지센터	062-251-1388
광주서구청소년상담복지센터	062-375-1388
대전광역시청소년상담복지센터	042-257-6577
대전서구청소년상담복지센터	042-527-1112 ~3
대전유성구청소년상담복지센터	042-824-3454
경기도청소년상담복지센터	031-248-1318
가평군청소년상담복지센터	031-581-0397
고양시청소년상담복지센터	031-979-1318
과천시청소년상담복지센터	02-504-1388
광명시립청소년상담복지센터	02-809-2000
광주시청소년상담복지센터	031-760-2219
구리시청소년상담복지센터	031-557-2000
군포시청소년상담복지센터	031-397-1388
김포시청소년상담복지센터	031-984-1388
남양주시청소년상담복지센터(본소)	031-590-8097 ~8, 031-590-8971 ~2
남양주시청소년상담복지센터(동부분소)	031-590-8403, 8404
남양주시청소년상담복지센터(북부분소)	031-590-8979, 8980
동두천시청소년상담복지센터	031-861-1388
부천시청소년상담복지센터(본소)	032-325-3002
부천시청소년상담복지센터(분소_소사센터)	032-325-3002
부천시청소년상담복지센터(오정분소)	032-325-3002
성남시청소년상담복지센터	031-756-1388

기관명	연락처
수원시청소년상담복지센터(팔달)	031-218-0446
수원시청소년상담복지센터(장안)	031-242-1318
수원시청소년상담복지센터(영통)	031-215-1318
수원시청소년상담복지센터(권선)	031-236-1318
수원시청소년상담복지센터(광교)	031-216-8354
수원시청소년상담복지센터(칠보)	031-278-6862
시흥시청소년상담복지센터	031-318-7100
안산시청소년상담복지센터	031-414-1318
안성시청소년상담복지센터	031-676-1318
안양시청소년상담복지센터	031-446-0242
양주시청소년상담복지센터	031-858-1318
양평군청소년상담복지센터	031-775-1318
여주시청소년상담복지센터	031-882-8889
연천군청소년상담복지센터	031-832-4452
오산시청소년상담복지센터	031-372-4004
용인시청소년상담복지센터	031-324-9300
의왕시청소년상담복지센터	031-452-1388
의정부시청소년상담복지센터(본소)	031-873-1388
의정부시청소년상담복지센터(호원분소)	031-873-1388
이천시청소년상담복지센터	031-632-7099
파주시청소년상담복지센터	031-946-0022
평택시청소년상담복지센터	031-656-1383
포천시청소년상담복지센터(본소)	031-533-1318
포천시청소년상담복지센터(포천분소)	031-536-1388
하남시청소년상담복지센터	031-790-6680
화성시청소년상담복지센터(본소)	031-225-1318, 031-225-0924
화성시청소년상담복지센터(향남분소)	031-225-1318, 031-225-0924
강원도청소년상담복지센터	033-256-9803, 033-256-9804
강릉시청소년상담복지센터	033-646-7942

기관명	연락처
동해시청소년상담복지센터	033－535－1388
속초시청소년상담복지센터	033－638－1388
영월군청소년상담복지센터	033－375－1318
원주시청소년상담복지센터	033－744－1388
정선군청소년상담복지센터	033－591－1313
철원군청소년상담복지센터	033－452－2000
춘천시청소년상담복지센터	033－818－1388
태백시청소년상담복지센터	033－582－1377
홍천군청소년상담복지센터	033－433－1386
횡성군청소년상담복지센터	033－344－1388
충청북도청소년상담복지센터	043－258－2000
괴산군청소년상담복지센터	043－830－3826
단양군청소년상담복지센터	043－421－8370
보은군청소년상담복지센터	043－542－1388
서청주청소년상담복지센터	043－297－1388
영동군청소년상담복지센터	043－744－5700
옥천군청소년상담복지센터	043－731－1388
음성군청소년상담복지센터	043－873－1318
제천시청소년상담복지센터	043－642－7949
증평군청소년상담복지센터	043－835－4188
진천군청소년상담복지센터	043－536－3430
청주시청소년상담복지센터	043－275－1388
충주시청소년상담복지센터	043－842－2007
충청남도청소년상담복지센터	041－554－2130
계룡시청소년상담복지센터	042－551－1318
공주시청소년상담복지센터	041－856－1388
금산군청소년상담복지센터	041－751－2007
논산시청소년상담복지센터	041－736－2041
당진시청소년상담복지센터	041－357－2000
보령시청소년상담복지센터	041－936－5710
부여군청소년상담복지센터	041－836－1898
서산시청소년상담복지센터	041－669－2000
서천군청소년상담복지센터	041－953－4040
아산시청소년상담복지센터	041－532－2000
예산군청소년상담복지센터	041－335－1388

기관명	연락처
천안시청소년상담복지센터	041－622－1388
청양군청소년상담복지센터	041－942－9596
태안군청소년상담복지센터	041－674－2800
홍성군청소년상담복지센터	041－634－4858
전라북도청소년상담복지센터	063－276－6291
고창군청소년상담복지센터	063－563－6792
군산시청소년상담복지센터	063－466－1388
김제시청소년상담복지센터	063－544－1377
남원시청소년상담복지센터	063－635－1388
무주군청소년상담복지센터	063－323－7717
부안군청소년상담복지센터	063－583－8772
순창군청소년상담복지센터	063－653－4646
완주군청소년상담복지센터	063－291－7373
익산시청소년상담복지센터	063－852－1388
임실군청소년상담복지센터	063－644－1388
장수군청소년상담복지센터	063－351－5161
전주시청소년상담복지센터	063－236－1388
정읍시청소년상담복지센터	063－531－3000
진안군청소년상담복지센터	063－433－2377
전라남도청소년상담복지센터	061－280－9001
강진군청소년상담복지센터	061－432－1388
고흥군청소년상담복지센터	061－834－1317~8
곡성군청소년상담복지센터	061－363－9584
광양시청소년상담복지센터	061－795－1388
구례군청소년상담복지센터	061－782－0884
나주시청소년상담복지센터	061－334－1388
담양군청소년상담복지센터	061－381－1386
목포시청소년상담복지센터	061－272－2440
무안군청소년상담복지센터	061－454－5284
보성군청소년상담복지센터	061－853－1388
순천시청소년상담복지센터	061－745－1388
신안군청소년상담복지센터	061－240－8703
여수시청소년상담복지센터	061－663－2000
영광군청소년상담복지센터	061－353－1388

기관명	연락처
영암군청소년상담복지센터	061-471-8375
완도군청소년상담복지센터	061-554-1318
장성군청소년상담복지센터	061-817-1388
장흥군청소년상담복지센터	061-863-1318
진도군청소년상담복지센터	061-544-5122
함평군청소년상담복지센터	061-323-1324
해남군청소년상담복지센터	061-537-1388
화순군청소년상담복지센터	061-375-7442
경상북도청소년상담복지센터	054-1388
경산시청소년상담복지센터	053-812-1318
경주시청소년상담복지센터	054-742-1388
고령군청소년상담복지센터	054-956-1383
구미시청소년상담복지센터	054-443-1387
군위군청소년상담복지센터	054-382-1388
김천시청소년상담복지센터	054-435-1388
문경시청소년상담복지센터	054-556-1389
봉화군청소년상담복지센터	054-674-1388
상주시청소년상담복지센터	054-535-3511
성주군청소년상담복지센터	054-931-1398
안동시청소년상담복지센터	054-859-1318
영덕군청소년상담복지센터	054-732-1318
영주시청소년상담복지센터	054-634-1318
영천시청소년상담복지센터	054-338-1388
예천군청소년상담복지센터	054-654-9901
울진군청소년상담복지센터	054-781-0079
의성군청소년상담복지센터	054-834-7933
청도군청소년상담복지센터	054-373-1610
청송군청소년상담복지센터	054-872-7626
칠곡군청소년상담복지센터	054-971-0418
포항시청소년상담복지센터	054-252-0020
경상남도청소년지원재단	055-711-1388
거제시청소년상담복지센터	055-636-2000
거창군청소년상담복지센터	055-941-2000
고성군청소년상담복지센터	055-673-6882
김해시청소년상담복지센터(본소)	055-325-2000

기관명	연락처
김해시청소년상담복지센터(서부)	055-330-7920
남해군청소년상담복지센터	055-863-5279
밀양시청소년상담복지센터	055-355-2000
사천시청소년상담복지센터	055-835-4199
산청군청소년상담복지센터	055-973-8423
양산시청소년상담복지센터(본소)	055-372-2000
양산시청소년상담복지센터(웅상분소)	055-367-1318
의령군청소년상담복지센터	055-570-2427
진주시청소년상담복지센터	055-744-2000
창녕군청소년상담복지센터	055-532-2000
창원시마산청소년상담복지센터	055-245-7941, 055-245-7925
창원시진해청소년상담복지센터	055-551-2000
창원시창원청소년상담복지센터	055-273-2000
통영시청소년상담복지센터	055-644-2000
하동군청소년상담복지센터	055-883-3000
함안군청소년상담복지센터	055-583-0924
함양군청소년상담복지센터	055-963-7922
합천군청소년상담복지센터	055-932-5499
울산광역시청소년상담복지센터	052-1388
울산남구청소년상담복지센터	052-291-1388
울산동구청소년상담복지센터	052-233-5279
울산북구청소년상담복지센터	052-283-1388
울산울주군청소년상담복지센터	052-229-1388
세종특별자치시청소년상담복지센터	044-867-2022
제주특별자치도청소년상담복지센터	064-759-9951
서귀포시청소년상담복지센터	064-763-9191
제주시청소년상담복지센터	064-725-7999
〈Wee센터〉 - 서울	
북부Wee센터	02-949-7887
서부Wee센터	02-390-5585

기관명	연락처
서울통합Wee센터	02-3999-505
성동광진Wee센터	02-2205-3633
성북강북Wee센터	02-917-7887
중부Wee센터	02-722-7887
학업중단예방Wee센터	02-3999-098
강남서초Wee센터	02-3444-7887
강동송파Wee센터	02-3431-7887
강서양천Wee센터	02-2665-7179
남부SOS통합Wee센터	02-864-8416
남부Wee센터	02-2677-7887
남부교육지원청 꿈세움Wee 센터	02-2625-9128
동부Wee센터	02-2233-7883
동작관악Wee센터	02-884-7887
마음이랑 Wee센터	02-2297-7887
밝음이랑Wee센터	02-853-2460
- 경기	
가평교육지원청Wee센터	031-580-5174
고양교육지원청Wee센터	031-901-9173
광명교육지원청Wee센터	02-2610-1472
광주하남교육지원청Wee센터	031-760-4092
구리남양주교육지원청Wee센터	031-550-6132
군포의왕교육지원청Wee센터	031-390-1113
김포교육지원청Wee센터	031-985-3986
동두천양주교육지원청Wee센터	031-860-4354
부천교육지원청Wee센터	070-7099-2175
성남교육지원청Wee센터	031-780-2655
수원교육지원청Wee센터	031-246-0818
시흥교육지원청Wee센터	031-488-2417
안산교육지원청Wee센터	031-508-5805
안성교육지원청Wee센터	031-678-5285
안양과천교육지원청Wee센터	031-380-7070
양평교육지원청Wee센터	031-770-5284
여주교육지원청Wee센터	031-883-2795

기관명	연락처
연천교육지원청Wee센터	031-839-0129
용인교육지원청Wee센터	031-889-5890
의정부교육지원청Wee센터	031-820-0093
이천교육지원청Wee센터	031-639-5638
파주교육지원청Wee센터	070-4918-2422
평택교육지원청Wee센터	031-665-0806
포천교육지원청Wee센터	031-539-0026
화성오산교육지원청Wee센터	031-371-0658
- 인천	
강화교육지원청Wee센터	032-930-7820
남부교육지원청Wee센터	032-764-7179
동부교육지원청Wee센터	032-460-6371
북부교육지원청Wee센터	032-510-5467
서부교육지원청Wee센터	032-555-7179
인천광역시교육청Wee센터	032-432-7179
- 충남	
공주교육지원청Wee센터	041-850-2339
금산교육지원청Wee센터	041-750-8813
논산계룡교육지원청Wee센터	041-730-7146
당진교육지원청Wee센터	041-351-2534
보령교육지원청 Wee센터	041-930-6380
부여교육지원청Wee센터	041-830-8290
서산교육지원청Wee센터	041-660-0347
서천교육지원청Wee센터	041-951-9435
아산교육지원청Wee센터	041-539-2480
예산교육지원청Wee센터	041-330-3671
천안교육지원청Wee센터	041-629-0401
청양교육지원청Wee센터	041-940-4490
태안교육지원청Wee센터	041-670-8252
홍성교육지원청Wee센터	041-630-5553
- 충북	
괴산증평교육지원청Wee센터	043-830-5079
단양교육지원청Wee센터	043-420-6121
보은교육지원청Wee센터	043-540-5556
영동교육지원청Wee센터	043-740-7725

기관명	연락처
옥천교육지원청Wee센터	043-731-5062
음성교육지원청Wee센터	043-872-3351
제천교육지원청Wee센터	043-653-0179
진천교육지원청Wee센터	043-530-5361
청주교육지원청Wee센터	043-270-5853
충주교육지원청Wee센터	043-845-0252
- 대전	
대전시교육청 Wee센터	042-480-7878
동부교육지원청Wee센터	042-229-1250
서부교육지원청Wee센터	042-530-1004
- 전남	
강진교육지원청Wee센터	061-430-1533
고흥교육지원청Wee센터	061-830-2074
곡성교육지원청Wee센터	061-362-3994
광양교육지원청Wee센터	061-762-2821
구례교육지원청Wee센터	061-780-6690
나주교육지원청Wee센터	061-337-7179
담양교육지원청Wee센터	061-383-7179
목포교육지원청Wee센터	061-280-6624
무안교육지원청Wee센터	061-450-7025
보성교육지원청Wee센터	061-850-7125
순천교육지원청Wee센터	061-729-7779
신안교육지원청Wee센터	061-240-3690
여수교육지원청Wee센터	061-690-0833
영광교육지원청Wee센터	061-350-6645
영암교육지원청Wee센터	061-470-4135
완도교육지원청Wee센터	061-550-0575
장성교육지원청Wee센터	061-390-6195
장흥교육지원청Wee센터	061-860-1294
진도교육지원청Wee센터	061-540-5115
함평교육지원청Wee센터	061-320-6631
해남교육지원청Wee센터	061-530-1147
화순교육지원청Wee센터	061-370-7196
- 전북	
고창교육지원청Wee센터	063-560-1616

기관명	연락처
군산교육지원청Wee센터	063-450-2680
김제교육지원청Wee센터	063-540-2551
남원교육지원청Wee센터	063-635-8530
무주교육지원청Wee센터	063-324-3399
부안교육지원청Wee센터	063-580-7448
순창교육지원청Wee센터	063-650-6322
완주교육지원청Wee센터	063-270-7696
익산교육지원청 제1 Wee센터	063-850-8990
익산교육지원청 제2 Wee센터	063-852-4501
임실교육지원청Wee센터	063-640-3571
장수교육지원청Wee센터	063-350-5226
전주교육지원청덕진Wee센터	063-253-9214
전주교육지원청완산Wee센터	063-253-9523
정읍교육지원청Wee센터	063-530-3080
진안교육지원청Wee센터	063-430-6294
- 광주	
동부교육지원청Wee센터	062-605-5700
서부교육지원청Wee센터	062-600-9816
서부교육지원청광산Wee센터	062-974-0078
- 경남	
거제교육지원청Wee센터	055-636-9673
거창교육지원청Wee센터	055-940-6191
고성교육지원청Wee센터	055-673-3801
김해교육지원청Wee센터	070-8767-7571
남해교육지원청Wee센터	055-864-3653
밀양교육지원청Wee센터	055-350-1494
사천교육지원청Wee센터	055-830-1544
산청교육지원청Wee센터	055-970-3037
양산교육지원청Wee센터	055-379-3053
의령교육지원청Wee센터	055-570-7131
진주교육지원청Wee센터	055-740-2091
창녕교육지원청Wee센터	055-530-3505
창원교육지원청Wee센터	055-210-0461
통영교육지원청Wee센터	055-650-8025
하동교육지원청Wee센터	055-880-1952

기관명	연락처
함안교육지원청Wee센터	055-580-8048
함양교육지원청Wee센터	055-960-2723
합천교육지원청Wee센터	055-930-7060
- 경북	
경산교육지원청Wee센터	053-810-7508
경주교육지원청Wee센터	054-743-7142
고령교육지원청Wee센터	054-950-2592
구미교육지원청Wee센터	054-465-6279
군위교육지원청Wee센터	054-380-8240
김천교육지원청Wee센터	054-420-5288
문경교육지원청Wee센터	054-550-5531
봉화교육지원청Wee센터	054-679-1790
상주교육지원청Wee센터	054-531-9940
성주교육지원청Wee센터	054-930-2075
안동교육지원청Wee센터	054-859-9501
영덕교육지원청Wee센터	054-730-8015
영양교육지원청Wee센터	054-680-2281
영주교육지원청Wee센터	054-630-4214
영천교육지원청Wee센터	054-330-2328
예천교육지원청Wee센터	054-650-2552
울릉교육지원청Wee센터	054-790-3032
울진교육지원청Wee센터	054-782-9915
의성교육지원청Wee센터	054-830-1125
청도교육지원청Wee센터	054-370-1122
청송교육지원청Wee센터	054-874-9360
칠곡교육지원청Wee센터	054-979-2129
포항교육지원청Wee센터	054-244-2090
- 대구	
경북Wee센터	053-326-9279
남부교육지원청Wee센터	053-234-0151
달성교육지원청Wee센터	053-235-0060
대구가톨릭Wee센터	053-654-1388
대동Wee센터	053-746-7380
동부교육지원청Wee센터	053-232-0022
동산Wee센터	053-431-0288

기관명	연락처
서부교육지원청Wee센터	053-233-0023
영남Wee센터	053-217-2323
- 세종	
세종시교육청 세종아람Wee 센터	044-715-7979
세종시교육청Wee센터	044-320-2470
- 강원	
강릉교육지원청Wee센터	033-640-1280
고성교육지원청Wee센터	033-680-6025
동해교육지원청Wee센터	033-530-3035
삼척교육지원청Wee센터	033-570-5104
속초양양교육지원청Wee센터	033-639-6054
양구교육지원청Wee센터	033-482-8753
영월교육지원청Wee센터	033-370-1133
원주교육지원청Wee센터	033-760-5691
인제교육지원청Wee센터	033-460-1005
정선교육지원청Wee센터	033-562-5877
철원교육지원청Wee센터	033-452-1007
춘천교육지원청Wee센터	033-259-1691
태백교육지원청 Wee센터	033-581-0804
평창교육지원청Wee센터	033-330-1794
홍천교육지원청Wee센터	033-433-9232
화천교육지원청Wee센터	033-441-9924
횡성교육지원청Wee센터	033-340-0382
- 부산	
남부교육지원청Wee센터	051-640-0205
동래교육지원청Wee센터	051-801-9190
북부교육지원청Wee센터	051-330-1361
서부교육지원청Wee센터	051-244-3266
해운대교육지원청Wee센터	051-709-0483
- 제주	
서귀포시교육지원청Wee센터	064-730-8181
제주시교육청Wee센터	064-754-1252

기관명	연락처
〈학교밖 청소년 지원센터〉 – 서울	
용산구 청소년지원센터 꿈드림	02–706–1318
중랑구 청소년지원센터 꿈드림	02–490–0222
강북구 청소년지원센터 꿈드림	02–6715–6665, 6667
도봉구 청소년지원센터 꿈드림	02–950–9646
서울특별시 청소년지원센터 꿈드림	02–2285–1318
노원구 청소년지원센터 꿈드림	02–2091–1388
광진구 청소년지원센터 꿈드림	02–2205–2300
성북구 청소년지원센터 꿈드림	02–3292–1780
동대문구 청소년지원센터 꿈드림	02–2237–1318
중구 청소년지원센터 꿈드림	02–2250–0543
성동구 청소년지원센터 꿈드림	02–2299–1388
은평구 청소년지원센터 꿈드림	02–384–1318
서대문구 청소년지원센터 꿈드림	02–3141–1388
마포구 청소년지원센터 꿈드림	02–3153–5900
강서구 청소년지원센터 꿈드림	02–3662–1388
구로구 청소년지원센터 꿈드림	02–863–1318
금천구 청소년지원센터 꿈드림	02–803–1873
영등포구 청소년지원센터 꿈드림	02–2637–1318
동작구 청소년지원센터 꿈드림	02–834–1358
관악구 청소년지원센터 꿈드림	02–877–9400
서초구 청소년지원센터 꿈드림	070–4858–1837~8
강남구 청소년지원센터 꿈드림	02–2226–8555
송파구 청소년지원센터 꿈드림	02–3402–1318
강동구 청소년지원센터 꿈드림	02–6252–1388
양천구 청소년지원센터 꿈드림	02–2645–1318
– 경기	
경기도 청소년지원센터 꿈드림	031–253–1519
고양시 청소년지원센터 꿈드림	031–970–4032
가평군 청소년지원센터 꿈드림	031–582–2000
과천시 청소년지원센터 꿈드림	02–2150–3991
광명시 청소년지원센터 꿈드림	02–6677–1318

기관명	연락처
광주시 청소년지원센터 꿈드림	031–760–8741
구리시 청소년지원센터 꿈드림	031–565–1388
군포시 청소년지원센터 꿈드림	031–399–1366
김포시 청소년지원센터 꿈드림	031–980–1691~6
남양주시 청소년지원센터 꿈드림	031–590–3951
동두천시 청소년지원센터 꿈드림	031–865–2000
부천시 청소년지원센터 꿈드림	032–325–3002
성남시 청소년지원센터 꿈드림	031–729–9171~6
수원시 청소년지원센터 꿈드림	031–236–1318
시흥시 청소년지원센터 꿈드림	031–318–7100
안산시 청소년지원센터 꿈드림	031–414–1318
안성시 청소년지원센터 꿈드림	070–7458–1311
안양시 청소년지원센터 꿈드림	031–8045–5012
양주시 청소년지원센터 꿈드림	031–8082–4121
양평군 청소년지원센터 꿈드림	031–775–1317
여주시 청소년지원센터 꿈드림	031–882–8889
오산시 청소년지원센터 꿈드림	031–372–4004
용인시 청소년지원센터 꿈드림	031–328–9840
의왕시 청소년지원센터 꿈드림	031–459–1334
의정부시 청소년지원센터 꿈드림	031–828–9571
이천시 청소년지원센터 꿈드림	031–634–2777
파주시 청소년지원센터 꿈드림	031–946–0022
평택시 청소년지원센터 꿈드림	031–692–1306~8
포천시 청소년지원센터 꿈드림	031–538–3398
하남시 청소년지원센터 꿈드림	031–790–6304~5
화성시 청소년지원센터 꿈드림	031–278–0179
– 인천	
인천광역시 청소년지원센터 꿈드림	032–721–2300
계양구 청소년지원센터 꿈드림	032–547–0853

기관명	연락처
미추홀구 청소년지원센터 꿈드림	032-868-9846~7
남동구 청소년지원센터 꿈드림	032-453-5877~8
동구 청소년지원센터 꿈드림	032-777-1383
연수구 청소년지원센터 꿈드림	032-822-9840~1
중구 청소년지원센터 꿈드림	032-765-1009
서구 청소년지원센터 꿈드림	032-584-1387
부평구 청소년지원센터 꿈드림	032-509-8916
- 충청북도	
충청북도 청소년지원센터 꿈드림	043-257-0105~6
청주시 청소년지원센터 꿈드림	043-223-0753
서청주 청소년지원센터 꿈드림	043-264-8807~8
충주시 청소년지원센터 꿈드림	043-842-2007
제천시 청소년지원센터 꿈드림	043-642-7949
괴산군 청소년지원센터 꿈드림	043-830-3828
단양군 청소년지원센터 꿈드림	043-421-8370
보은군 청소년지원센터 꿈드림	043-542-1388
영동군 청소년지원센터 꿈드림	043-744-5700
옥천군 청소년지원센터 꿈드림	043-731-1388
음성군 청소년지원센터 꿈드림	043-872-9024
증평군 청소년지원센터 꿈드림	043-835-4193
진천군 청소년지원센터 꿈드림	043-536-3430
- 충청남도	
충청남도 청소년지원센터 꿈드림	041-554-1380
천안시 청소년지원센터 꿈드림	041-523-1318
공주시 청소년지원센터 꿈드림	041-854-7942
보령시 청소년지원센터 꿈드림	041-935-1388
아산시 청소년지원센터 꿈드림	041-544-1388
서산시 청소년지원센터 꿈드림	041-669-2000
논산시 청소년지원센터 꿈드림	041-736-2041
계룡시 청소년지원센터 꿈드림	042-841-0343
당진시 청소년지원센터 꿈드림	041-360-6961

기관명	연락처
금산군 청소년지원센터 꿈드림	041-751-1383
서천군 청소년지원센터 꿈드림	041-953-4040
청양군 청소년지원센터 꿈드림	041-942-1387
홍성군 청소년지원센터 꿈드림	041-642-1388
예산군 청소년지원센터 꿈드림	041-335-1388
태안군 청소년지원센터 꿈드림	041-674-2800
- 대전	
대전광역시 청소년지원센터 꿈드림	042-222-1388
서구 청소년지원센터 꿈드림	042-527-1388
유성구 청소년지원센터 꿈드림	042-826-1388
- 세종	
세종특별시 청소년지원센터 꿈드림	044-868-1318
- 전라북도	
전라북도 청소년지원센터 꿈드림	063-273-1388
김제시 청소년지원센터 꿈드림	063-545-0112
정읍시 청소년지원센터 꿈드림	063-531-3000
전주시 청소년지원센터 꿈드림	063-227-1005
무주군 청소년지원센터 꿈드림	063-324-6688
완주군 청소년지원센터 꿈드림	063-291-3303
익산시 청소년지원센터 꿈드림	063-852-1388
군산시 청소년지원센터 꿈드림	063-468-2870
순창군 청소년지원센터 꿈드림	063-652-1388
남원시 청소년지원센터 꿈드림	063-633-1977
- 전라남도	
나주시 청소년지원센터 꿈드림	061-335-1388
전라남도 청소년지원센터 꿈드림	061-242-7474
목포시 청소년지원센터 꿈드림	061-284-0924
여수시 청소년지원센터 꿈드림	070-8824-1318
순천시 청소년지원센터 꿈드림	061-749-4236
광양시 청소년지원센터 꿈드림	061-795-7008
담양군 청소년지원센터 꿈드림	061-381-1382
곡성군 청소년지원센터 꿈드림	061-363-9586
보성군 청소년지원센터 꿈드림	061-853-1381

기관명	연락처
강진군 청소년지원센터 꿈드림	061-432-1388
해남군 청소년지원센터 꿈드림	061-537-1318
무안군 청소년지원센터 꿈드림	061-454-5285
함평군 청소년지원센터 꿈드림	061-323-9995
영광군 청소년지원센터 꿈드림	061-353-6188
장성군 청소년지원센터 꿈드림	061-393-1387
신안군 청소년지원센터 꿈드림	061-240-8703
- 광주	
광주광역시 청소년지원센터 꿈드림	062-376-1324
동구 청소년지원센터 꿈드림	062-673-1318
서구 청소년지원센터 꿈드림	062-710-1388
남구 청소년지원센터 꿈드림	062-716-1324
북구 청소년지원센터 꿈드림	062-268-1318
광산구 청소년지원센터 꿈드림	062-951-1378
- 경상북도	
칠곡군 청소년지원센터 꿈드림	054-971-0425
고령군 청소년지원센터 꿈드림	054-956-1320
봉화군 청소년지원센터 꿈드림	054-674-1318
경상북도 청소년지원센터 꿈드림	054-850-1003
포항시 청소년지원센터 꿈드림	054-240-9171
경주시 청소년지원센터 꿈드림	054-760-7744~5
김천시 청소년지원센터 꿈드림	054-431-2009
안동시 청소년지원센터 꿈드림	054-841-7937
구미시 청소년지원센터 꿈드림	054-472-2000, 1388
영주시 청소년지원센터 꿈드림	054-639-5865
영천시 청소년지원센터 꿈드림	054-338-2000
상주시 청소년지원센터 꿈드림	054-537-6723~4
문경시 청소년지원센터 꿈드림	054-550-6600
경산시 청소년지원센터 꿈드림	053-815-4106
울진군 청소년지원센터 꿈드림	054-789-5436

기관명	연락처
- 경상남도	
창녕군 청소년지원센터 꿈드림	055-532-2000
창원시 마산 청소년지원센터 꿈드림	055-225-7293
경상남도 청소년지원센터 꿈드림	055-711-1336
창원시 청소년지원센터 꿈드림	055-225-3893~4
진주시 청소년지원센터 꿈드림	055-744-8484
통영시 청소년지원센터 꿈드림	055-644-2000
사천시 청소년지원센터 꿈드림	055-832-7942
김해시 청소년지원센터 꿈드림	055-324-9190
밀양시 청소년지원센터 꿈드림	055-352-0924
거제시 청소년지원센터 꿈드림	055-639-4980
양산시 청소년지원센터 꿈드림(본소)	055-372-2000
양산시 청소년지원센터 꿈드림(웅상분소)	055-367-1318
의령군 청소년지원센터 꿈드림	055-573-1388
함안군 청소년지원센터 꿈드림	055-583-0921
고성군 청소년지원센터 꿈드림	055-670-2921
남해군 청소년지원센터 꿈드림	055-864-7962
하동군 청소년지원센터 꿈드림	055-884-3001
산청군 청소년지원센터 꿈드림	055-970-6591
함양군 청소년지원센터 꿈드림	055-963-7922
거창군 청소년지원센터 꿈드림	055-940-3969
합천군 청소년지원센터 꿈드림	055-930-3911
- 대구	
대구광역시 청소년지원센터 꿈드림	053-431-1388~7
중구 청소년지원센터 꿈드림	053-422-2121
동구 청소년지원센터 꿈드림	053-963-9400
서구 청소년지원센터 꿈드림	053-216-8310
남구 청소년지원센터 꿈드림	053-652-5656
북구 청소년지원센터 꿈드림	053-384-6985
수성구 청소년지원센터 꿈드림	053-666-4205~6

기관명	연락처
달서구 청소년지원센터 꿈드림	053－592－1378
달성군 청소년지원센터 꿈드림	053－617－1388
－ 강원도	
속초시 청소년지원센터 꿈드림	033－635－0924
강원도 청소년지원센터 꿈드림	033－257－9805
강릉시 청소년지원센터 꿈드림	033－655－1388
동해시 청소년지원센터 꿈드림	033－535－1038
영월군 청소년지원센터 꿈드림	033－375－1318
원주시 청소년지원센터 꿈드림	033－813－1318, 1319
정선군 청소년지원센터 꿈드림	033－591－1311
철원군 청소년지원센터 꿈드림	033－450－5388
홍천군 청소년지원센터 꿈드림	033－432－1386
춘천시청소년지원센터 꿈드림	033－818－1318
－ 울산	
울산광역시 청소년지원센터 꿈드림	052－227－2000
남구 청소년지원센터 꿈드림	052－291－1388
동구 청소년지원센터 꿈드림	052－232－5900
울주군 청소년지원센터 꿈드림	052－229－9634~5
북구 청소년지원센터 꿈드림	052－283－1388
－ 부산	
부산광역시 청소년지원센터 꿈드림	051－304－1318
강서구 청소년지원센터 꿈드림	051－972－4595
금정구 청소년지원센터 꿈드림	051－714－2079
기장군 청소년지원센터 꿈드림	051－792－4926~7
남구 청소년지원센터 꿈드림	051－621－4831
동래구 청소년지원센터 꿈드림	051－558－8833
부산진구 청소년지원센터 꿈드림	051－868－0950
북구 청소년지원센터 꿈드림	051－334－3003
사상구 청소년지원센터 꿈드림	051－316－2214
사하구 청소년지원센터 꿈드림	051－207－7179
서구 청소년지원센터 꿈드림	051－714－0701

기관명	연락처
수영구 청소년지원센터 꿈드림	051－759－8422
연제구 청소년지원센터 꿈드림	051－507－7658
영도구 청소년지원센터 꿈드림	051－405－5224
해운대구 청소년지원센터 꿈드림	051－715－1377~9
－ 제주	
제주특별자치도 청소년지원센터 꿈드림	064－759－9951
제주시 청소년지원센터 꿈드림	064－725－7999
서귀포시 청소년지원센터 꿈드림	064－763－9191

노인 관련 기관

기관명	연락처
〈노인보호전문기관〉	
중앙	02－3667－1389
서울남부	02－3472－1389
서울북부	02－921－1389
경기남부	031－736－1389
경기서부	032－683－1389
경기북부	031－821－1461
인천	032－426－8792~4
충북	043－259－8120~2
충북북부	043－846－1380~2
충남	041－534－1389
충남남부	041－734－1388,1389
대구남부	053－472－1389
대구북부	053－357－1389
전북	063－273－1389
전북서부	063－443－1389
전남	061－753－1389
전남서부	061－281－2391
광주	062－655－4155~7
경북	054－248－1389
경북서북부	054－655－1389,1390
경북서남부	054－436－1390
경남	055－222－1389
경남서부	055－754－1389
대전	042－472－1389
강원도	033－253－1389
강원동부	033－655－1389
강원남부	033－744－1389
울산	052－265－1380,1389
부산동부	051－468－8850
부산서부	051－867－9119
제주	064－757－3400
제주서귀포시	064－763－1999
한국노인의전화	062－351－5070

건강가정 · 다문화가족지원센터

기관명	연락처
〈건강가정 · 다문화가족지원센터〉 – 서울	
강남구	02–3412–2222
강동구	02–471–0812, 02–473–4986
강북구	02–987–2567
강서구	02–2606–2017
관악구	02–883–9383, 02–883–9390
관악구(2센터)	02–883–9383, 02–883–9390
광진구	02–458–0622
구로구	02–830–0450
금천구	02–803–7747
노원구	02–979–3501
도봉구	02–995–6800
동대문구	02–957–0760
동작구	02–599–3301, 02–599–3260
마포구	02–3142–5482, 02–3142–5027
서대문구	02–322–7595
서울시	02–318–0227
서초구	02–576–2852
서초구(2센터)	02–576–2852
성동구	02–3395–9447
성북구	02–3290–1660, 02–922–3304
송파구	02–443–3844
양천구	02–2065–3400
영등포구	02–2678–2193
용산구	02–797–9184
은평구	02–376–3761
종로구	02–764–3524
중구	02–2279–3891
중랑구	02–435–4142
– 경기	
가평군	070–7510–5871

기관명	연락처
경기도	031–8008–8008
고양시	031–969–4041
과천시	02–503–0070
광명시	02–2615–0453
광주시	031–798–7137
구리시	031–556–3874
군포시	031–392–1811
김포시	031–996–5920
남양주시	031–556–8212
동두천시	031–863–3801, 031–863–3802
부천시	032–326–4212
성남시	031–755–9327
수원시	031–245–1310,1
시흥시	031–317–4522, 031–317–4524
안산시	031–501–0033
안성시	031–677–9336, 031–677–7191
안양시	031–8045–5572
양주시	031–858–5681
양평군	031–775–5957
여주시	031–886–0321
연천군	031–835–0093
오산시	031–378–9766, 031–372–1335
용인시	031–323–7131
의왕시	031–429–8931
의정부시	031–878–7117, 031–878–7880
이천시	031–637–5525
파주시	031–949–9161
평택시	031–615–3952
포천시	1577–9337, 031–532–2062
하남시	031–790–2966
화성시	031–267–8787
– 인천	
강화군	032–932–1005, 032–933–0980

기관명	연락처
계양구	032－547－1017
남동구	032－467－3904
미추홀구	032－875－2993
부평구	032－508－0121
연수구	032－851－2730
인천동구	032－760－4904
인천서구	032－569－1560
인천중구	032－763－9337
－ 충청북도	
괴산군	043－832－1078
음성군	043－873－8731
제천시	043－645－1995
증평군	043－835－3572
진천군	043－537－5435
청주시	043－263－1817
충주시	043－857－5960
－ 충청남도	
공주시	041－853－0881
금산군	041－750－3990
논산시	041－733－7800
당진시	041－360－3200
보령시	041－934－3133
서산시	041－664－2710
서천군	041－953－3808
아산시	041－548－9772
예산군	041－332－1366
천안시	070－7733－8300
태안군	041－670－2523, 041－670－2396
홍성군	041－631－9337
－ 대전	
대전서구	042－520－5928
대전시	042－252－9989, 042－932－9995
－ 세종	
세종시	044－862－9336
－ 전라북도	

기관명	연락처
군산시	063－443－5300
남원시	063－631－6700
무주군	063－322－1130
완주군	063－261－1033
익산시	063－838－6046
전주시	063－231－0182
정읍시	063－535－1283
－ 전라남도	
강진군	061－433－9004
곡성군	061－362－5411
광양시	061－797－6800
구례군	061－781－8003
나주시	061－331－0709
목포시	061－247－2311
보성군	061－852－2664
순천시	061－750－5353
여수시	061－659－4167
영광군	061－353－8880
영암군	061－463－2929
완도군	061－555－4100
장성군	061－393－5420
장흥군	061－864－4813
함평군	061－324－5431
해남군	061－534－0215, 061－534－0017
화순군	061－375－1057
－ 광주	
광산구	062－959－9337
광주남구	062－351－9337
광주동구	062－234－5790
광주북구	062－430－2963
광주서구	062－369－0072
－ 경상북도	
경산시	053－816－4071
구미시	054－443－0541
김천시	054－431－7740

기관명	연락처
상주시	054-531-3543
안동시	054-823-6008
영덕군	054-730-7373
영주시	054-634-5431
울릉군	054-791-0205
의성군	054-832-5440
청도군	054-373-8131
칠곡군	054-975-0833
포항시	054-244-9702
- 경상남도	
경상남도	055-716-2363
김해시	055-329-6355
밀양시	055-351-4404~4407
사천시	055-832-0345
산청군	055-972-1018
양산시	055-382-0988
의령군	055-573-8400
진주시	055-749-5445
창녕군	055-533-1305
창원시	055-225-3951
창원시마산	055-244-8745
통영시	055-640-7741, 7742
하동군	055-880-6520
함양군	055-963-2057
- 대구	
달서구	053-593-1511
달성군	053-636-7390
대구남구	053-471-2326, 053-475-2324
대구동구	053-961-2202
대구북구	053-327-2994, 053-327-2994
대구서구	053-355-8042, 053-341-8312
대구중구	053-431-1230
수성구	053-795-4300
- 강원	
강릉시	033-648-3019

기관명	연락처
고성군	033-681-9333
동해시	033-535-8377, 033-535-8378
삼척시	033-576-0761
속초시	033-637-2680
양구군	033-481-8664
양양군	033-670-2943
영월군	033-375-8400
원주시	033-764-8612
인제군	033-462-3651
정선군	033-562-3458 033-563-3458
철원군	033-452-7800
춘천시	033-251-8014
태백시	033-554-4003
평창군	033-332-2063 033-332-2064
홍천군	033-433-1915
화천군	033-442-2342
횡성군	033-344-3458~9
- 울산	
울산남구	052-274-3136
울산동구	052-232-3351
울산북구	052-286-0025
울산중구	052-248-1103
울주군	052-229-9600
- 부산	
금정구	051-513-2131
부산동래구	051-506-5765
부산시	051-330-3406
부산진구	051-802-2900
사상구	051-328-0042
사하구	051-203-4588
수영구	051-758-3073
연제구	051-851-5002
영도구	051-414-9605

기관명	연락처
해운대구	051-782-7002
- 제주	
서귀포시	064-760-6488
제주시	064-725-8005, 064-725-8015

알코올 · 중독 관련 기관

기관명	연락처
한국마약퇴치운동본부 (중앙본부)	02-2677-2245
한국도박문제관리센터	1336
한국마약퇴치운동본부 (중독재활센터)	02-2679-0436~7
〈알코올 전문 병원〉	
다사랑중앙병원	1544-2838, 031-340-5040, 5009
진병원	1577-1581
카프병원	031-810-9200
예사랑병원	1566-1308, 043-298-7337
주사랑병원	043-286-0692
한사랑병원	055-722-7000, 7004(상담)
다사랑병원	062-380-3800
〈중독관리 통합지원센터〉 - 서울	
강북구중독관리통합지원센터	02-989-9223
구로중독관리통합지원센터	02-2679-9353
노원구중독관리통합지원센터	02-2116-3677
도봉중독관리통합지원센터	02-6082-6793
- 경기도	
성남시중독관리통합지원센터	031-751-2768
수원시중독관리통합지원센터	031-256-9478
안산시중독관리통합지원센터	031-411-8445
안양시중독관리통합지원센터	031-464-0175
파주시중독관리통합지원센터	031-948-8004
화성시중독관리통합지원센터 (정남분소)	031-354-6614
화성시중독관리통합지원센터 (동탄분소)	
의정부시중독관리통합지원센터	031-829-5001
- 인천	
계양구중독관리통합지원센터	032-555-8765
부평구중독관리통합지원센터	032-507-3404
인천동구중독관리통합지원센터	032-764-1183
연수구중독관리통합지원센터	032-236-9477
인천남동구중독관리통합지원센터	032-468-6412
- 충청북도	
청주시중독관리통합지원센터	043-272-0067
- 충청남도	
아산시중독관리통합지원센터	041-537-3332
천안시중독관리통합지원센터	041-577-8097
- 대전	
대덕구중독관리통합지원센터	042-635-8275
대전서구중독관리통합지원센터	042-527-9125
대전동구중독관리통합지원센터	042-286-8275
- 전라북도	
군산시중독관리통합지원센터	063-464-0061
전주시중독관리통합지원센터	063-223-4567
- 전라남도	
목포시중독관리통합지원센터	061-284-9694
여수시중독관리통합지원센터	061-659-4255
- 광주	
광주서구중독관리센터	062-654-3802
광주북구중독관리센터	062-526-3370
광주동구중독관리센터	062-222-5666
광주남구중독관리통합지원센터	062-412-1461
광주광산구중독관리센터	062-714-1233
- 경상북도	
구미중독관리통합지원센터	054-474-9791

기관명	연락처
포항중독관리통합지원센터	054-270-4148
- 경상남도	
김해중독관리통합지원센터	055-314-0317
마산중독관리통합지원센터	055-247-6994
진주중독관리통합지원센터	055-758-7801
창원중독관리통합지원센터	055-261-5011
- 대구	
대구동부중독관리통합지원센터	053-957-8817
대구서부중독관리통합지원센터	053-638-8778
- 강원도	
강릉시중독관리통합지원센터	033-653-9667~8
원주시중독관리통합지원센터	033-748-5119
춘천시중독관리통합지원센터	033- 255-3482
- 울산	
울산남구중독관리통합지원센터	052-275-1117
울산중구중독관리통합지원센터	052-245-9007
- 부산	
부산중독관리통합지원센터	051- 246-7574
부산북구중독관리통합지원센터	051-362-5482
사상구중독관리통합지원센터	051-988-1191
해운대중독관리통합지원센터	051-545-1172
- 제주도	
제주중독관리통합지원센터	064-759-0911
제주서귀포중독관리통합지원센터	064-760-6037

범죄 피해 관련 기관

기관	연락처
법무부인권구조과	02－2110－3263
대검피해자인권과	02－3480－2303~5
검찰청(피해자지원실)	1577－2584
범죄피해자지원센터	1577－1295
스마일센터	02－472－1295
대한법률구조공단	132
한국가정법률상담소	1644－7077
법률홈닥터	02－2110－4253
경찰청(피해자지원경찰관)	182
경찰청(피해자보호 담당관실)	02－3150－2335
〈해바라기센터〉 － 서울	
서울북부해바라기센터(통합)	02－3390－4145
서울남부해바라기센터(통합)	02－870－1700
서울동부해바라기센터	02－3400－1700
서울해바라기센터(통합)	02－3672－0365
서울중부해바라기센터(통합)	02－2266－8276
서울해바라기센터(아동)	02－3274－1375
－ 경기도	
경기북서부해바라기센터(통합)	031－816－1375
경기서부해바라기센터	031－364－8117
경기북동부해바라기센터	031－874－3117
경기해바라기센터(아동)	031－708－1375
－ 인천	
인천해바라기센터(아동)	032－423－1375
인천동부해바라기센터	032－582－1170
인천북부해바라기센터	032－280－5678
－ 충청북도	
충북해바라기센터	043－272－7117
충북해바라기센터(아동)	043－857－1375
－ 충청남도	
충남해바라기센터	041－567－7117

기관	연락처
－ 대전	
대전해바라기센터(통합)	042－280－8436
－ 전라북도	
전북서부해바라기센터	063－859－1375
전북해바라기센터	063－278－0117
전북해바라기센터(아동)	063－246－1375
－ 전라남도	
전남서부해바라기센터(통합)	061－285－1375
전남동부해바라기센터	061－727－0117
－ 광주	
광주해바라기센터	062－225－3117
광주해바라기센터(아동)	062－232－1375
－ 경상북도	
경북서부해바라기센터	054－439－9600
경북북부해바라기센터	054－843－1117
경북동부해바라기센터(통합)	054－278－1375
－ 경상남도	
경남해바라기센터	055－245－8117
경남해바라기센터(아동)	055－754－1375
－ 대구	
대구해바라기센터	053－556－8117
대구해바라기센터(아동)	053－421－1375
－ 강원도	
강원동부해바라기센터(통합)	033－652－9840
강원서부해바라기센터(통합)	033－252－1375
－ 울산	
울산해바라기센터(통합)	052－265－1375
－ 부산	
부산해바라기센터(통합)	051－244－1375
부산동부해바라기센터	051－501－9117
－ 제주	
제주해바라기센터(통합)	064－749－5117

기관	연락처
〈스마일센터〉	
스마일센터총괄지원단	02－333－1295
서울동부스마일센터	02－473－1295
서울서부스마일센터	02－332－1295
부산스마일센터	051－582－1295
인천스마일센터	032－433－1295
광주스마일센터	062－417－1295
대구스마일센터	053－745－1295
대전스마일센터	042－526－1295
춘천스마일센터	033－255－1295
전주스마일센터	063－246－1295
수원스마일센터	031－235－1295
의정부스마일센터	031－841－1295
〈범죄피해자지원센터〉	
한국범죄피해자지원중앙센터 (강남구, 관악구, 동작구, 서초구, 종로구, 중구)	02－534－4901, 1577－1295(전국)
서울동부범죄피해자지원센터 (강동구, 광진구, 성동구, 송파구)	02－455－4954, 5005
서울남부범죄피해자지원센터 (강서구, 구로구, 금천구, 양천구, 영등포구)	02－2645－1301, 02－2644－1302
서울서부범죄피해자지원센터 (마포구, 서대문구, 용산구, 은평구)	02－3270－4504, 4505
서울북부범죄피해자지원센터 (강북구, 노원구, 도봉구, 동대문구, 성북구, 중랑구)	02－3399－4776
경기북부범죄피해자지원센터 (의정부시, 남양주시, 구리시, 동두천시, 양주시, 포천시, 연천군, 가평군, 철원군)	031－820－4678, 031－873－4678
고양·파주지역범죄피해자지원센터 (고양시, 파주시)	031－932－8291
부천·김포범죄피해자지원센터	032－329－2580,

기관	연락처
(부천시, 김포시)	032－320－4671~2
수원지역범죄피해자지원센터 (수원시, 용인시, 오산시, 화성시)	031－210－4761, 031－211－0266
성남·광주·하남범죄피해자지원센터 (성남시, 광주시, 하남시)	031－715－0090, 031－736－1090
여주·이천·양평범죄피해자지원센터 (이천시, 여주시, 양평군)	031－885－1188, 031－880－4510
평택·안성범죄피해자지원센터 (평택시, 안성시)	031－656－2828, 031－657－2828
안산·시흥·광명범죄피해자지원센터 (안산시, 시흥시, 광명시)	031－475－3310
안양지역범죄피해자지원센터 (안양시, 과천시, 군포시, 의왕시)	031－387－0050
인천범죄피해자지원센터 (강화군, 계양구, 남구, 동구, 부평구, 서구, 연수구, 옹진군, 중구)	032－868－4999
춘천지역범죄피해자지원센터 (춘천시, 인제군, 홍천군, 화천군, 양구군)	033－244－0335, 033－240－4505
강릉지역범죄피해자지원센터 (강릉시, 동해시, 삼척시)	033－641－4163, 033－660－4520
원주·횡성 범죄피해자지원센터 (원주시, 횡성군)	033－742－3100, 033－769－4618
속초지역범죄피해자지원센터 (속초시, 고성군, 양양군)	033－638－1111
영월지역범죄피해자지원센터 (태백시, 영월군, 평창군, 정선군)	033－375－9119
대전범죄피해자지원센터	042－472－0082,

기관	연락처
(대덕구, 유성구, 동구, 서구, 중구, 세종특별자치시, 금산군)	0282
홍성지역범죄피해자지원센터 (보령시, 서천군, 예산군, 홍성군)	041-631-4915, 041-631-4911
공주·청양범죄피해자지원센터 (공주시, 청양군)	041-856-2828, 041-840-4559
논산·부여·계룡범죄피해자지원센터 (논산시, 계룡시, 부여군)	041-745-2030
서산지역범죄피해자지원센터 (서산시, 당진시, 태안군)	041-660-4377, 041-667-7731
천안·아산범죄피해자지원센터 (아산시, 천안시)	041-533-6090
청주범죄피해자지원센터 (청주시, 청원군, 보은군, 괴산군, 진천군, 증평군)	043-288-0141, 043-299-4678
충주·음성범죄피해자지원센터 (충주시, 음성군)	043-856-2526, 043-841-4699
제천·단양범죄피해자지원센터 (제천시, 단양군)	043-643-1295, 043-648-1295
영동·옥천범죄피해자지원센터 (영동군, 옥천군)	043-742-3800, 043-740-4579
대구·경북범죄피해자지원센터 (수성구, 북구, 중구, 남구, 동구, 경산시, 영천시, 청도군, 칠곡군)	053-752-4444, 053-740-4440
대구서부범죄피해자지원센터 (달서구, 달성군, 서구, 성주군, 고령군)	053-573-7400, 053-573-7401
경북북부범죄피해자지원센터 (안동시, 영주시, 봉화군)	054-854-7600, 054-852-7200
경주범죄피해자지원센터	054-777-1295
(경주시)	
포항범죄피해자지원센터 (포항시)	054-276-8112
김천지역범죄피해자지원센터	054-430-9091
구미지역범죄피해자지원센터	054-462-9090
상주·문경·예천범죄피해자지원센터 (상주시, 문경시, 예천군)	054-533-6047
의성·군위·청송범죄피해자지원센터 (의성군, 군위군, 청송군)	054-834-2820, 054-830-4548
영덕·울진·영양범죄피해자지원센터 (영덕군 울진군, 영양군)	054-733-9495, 054-730-4979
부산범죄피해자지원센터햇살 (금정구, 동래구, 연제구, 부산진구, 동구, 영도구, 중구)	051-558-8893~4
부산동부범죄피해자지원센터광명 (남구, 수영구, 해운대구, 기장군)	051-781-1144, 051-780-4686
부산서부범죄피해자지원센터 (사상구, 사하구, 북구, 강서구, 서구)	051-205-4497
울산범죄피해자지원센터 (남구, 동구, 북구, 울주군, 중구, 양산시)	052-265-9004
경남범죄피해자지원센터 {창원시(성산구, 의창구, 진해구), 김해시)}	055-239-4579, 055-286-8286
진주지역범죄피해자지원센터 '등불' (진주시, 사천시, 남해군, 하동군, 산청군)	055-748-1301
통영·거제·고성범죄피해자지원센터 (거제시, 통영시, 고성군)	055-648-6200
밀양·창녕범죄피해자지원센터	055-356-8272

기관	연락처
(밀양시,창녕군)	
거창·합천·함양범죄피해자지원센터 (거창군,합천군,함양군)	055-945-2325
마산·함안·의령범죄피해자지원센터 (창원시마산합포구,함안군,창원시마산회원구,의령군)	055-242-6688
광주전남범죄피해자지원센터 (광산구,북구,서구,남구,동구,곡성군,담양군,장성군,영광군,화순군,나주시)	062-225-4752
〈(사)한국피해자지원협회〉	
(사)한국피해자지원협회 서울서부	02-351-9926
(사)한국피해자지원협회 서울남부	02-782-1002
(사)한국피해자지원협회 서울북부	02-908-0977
(사)한국피해자지원협회 경기동부	031-711-9278
(사)한국피해자지원협회 경기남부	031-211-7676
(사)한국피해자지원협회 경기북부	031-967-3238
(사)한국피해자지원협회 경기북서	031-902-6480
(사)한국피해자지원협회 인천	032-503-7179
(사)한국피해자지원협회 충북	043-224-9517
(사)한국피해자지원협회 충남	041-572-7004
(사)한국피해자지원협회 전남	061-284-0075
(사)한국피해자지원협회 전북	063-907-1112

기관	연락처
(사)한국피해자지원협회 대전	042-628-9517
(사)한국피해자지원협회 강원	033-251-8840
(사)한국피해자지원협회 대구경북	053-421-8117
(사)한국피해자지원협회 경남울산	055-337-1525
(사)한국피해자지원협회 부산	051-999-7612

성폭력 관련 기관

기관명	연락처
〈전국 성폭력 상담소〉 – 서울	
한국성폭력상담소	02–338–5801
한국성폭력위기센터	02–883–9284~5
장애여성성폭력상담소	02–3013–1367
한사회장애인성폭력상담소	02–2658–1366
이레성폭력상담소	02–3281–1366
벧엘케어상담소	02–896–0401,08
가족과성건강아동청소년상담소	070–8128–1366
천주교성폭력상담소	02–825–1273
한국성폭력상담소	02–338–2890
한국여성민우회 성폭력상담소	02–739–8858
탁틴내일청소년성폭력상담소	02–338–8043
서울여성장애인성폭력상담소	02–3675–4465~6
한국여성의전화성폭력상담소	02–3156–5400
꿈누리 여성장애인상담소	02–902–3356
– 경기도	
(사)씨알여성회부설성폭력상담소	031–797–7031
군포여성민우회성폭력상담소	031–397–8149
남양주가정과성상담소	031–558–1366
동두천성폭력상담소	031–861–5555
부천여성의전화부설성폭력상담	032–328–9713
부천청소년성폭력상담소	031–655–1366
(사)경원사회복지회부설여성장애인성폭력상담소	031–755–2526
(사)성남여성의전화부설성폭력상담소	031–751–2050
안산YWCA여성과성상담소	031–413–9414
안양여성의전화부설성폭력상담소	031–442–5385
연천행복뜰상담소	031–832–1315
용인성폭력상담소	031–281–1366
의왕장애인성폭력상담센터	031–462–1366
의정부장애인성폭력상담소	031–840–9204
파주성폭력상담소'함께'	031–946–2096
평택성폭력상담소	031–658–6614
포천가족성상담센터	031–542–3171
하남YWCA부설성폭력상담소	031–796–1274
– 인천	
인구보건복지협회인천성폭력상담소	032–451–4094
(사)인천장애인지적협회장애인성폭력상담소	032–424–1366
오내친구장애인성폭력상담소(장애인)	032–506–5479
– 충청북도	
제천성폭력상담소	043–652–0049
청주여성의전화청주성폭력상담소	043–252–0966
청주여성장애인성폭력상담소	043–224–9414
인구보건복지협회부설청주성폭력상담소	043–264–1366
충주성폭력상담소	043–845–1366
– 충청남도	
뎀나무상담지원센터	041–852–1950
장애인성폭력아산상담소(장애인)	041–541–1514
아산가정성상담지원센터	041–546–9181
천안여성의전화부설성폭력상담소	041–561–0303
(사)충남성폭력상담소	041–564–0026
천안장애인성폭력상담소	041–592–6500
태안군성인권상담센터	041–675–9536
홍성성가정폭력통합상담소	041–634–9949
– 대전	
동대전장애인성폭력상담소	042–637–1366
대전여성장애인성폭력상담소	042–223–8866

기관명	연락처
대전YWCA성폭력상담소	042－254－3038
대전성폭력상담소	042－712－1367
－ 전라북도	
군산성폭력상담소	063－442－1570
(사)성폭력예방치료센터김제지부 성폭력상담소	063－546－8366
익산성폭력상담소	063－834－1366
새벽이슬장애인성폭력상담소	063－223－3015
(사)성폭력예방치료센터부설성폭력상담소	063－236－0152
(사)성폭력예방치료센터정읍지부 성폭력상담소	063－531－1366
－ 광주	
인구보건복지협회광주성폭력상담소	062－673－1366
광주여성장애인성폭력상담소	062－654－1366
광주여성민우회성폭력상담소	062－521－1361
－ 경상북도	
새경산성폭력상담소	053－814－1318
경산로뎀성폭력상담소	053－853－5276
경주다움성폭력상담센터	054－777－1366
구미여성종합상담소(통합)	054－463－1386
영남여성장애인성폭력상담소	054－443－1365
문경열린종합상담소(통합)	054－555－8207
필그림가정복지상담소(통합)	054－534－9996
경북여성장애인성폭력상담소	054－843－1366
(사)칠곡종합상담센터(통합)	054－973－8290
(사)한마음부설한마음상담소	054－278－4330
－ 대구	
(사)대구여성의전화부설성폭력상담소	053－471－6484
인구보건복지협회대구경북지회 성폭력상담소	053－566－1900
－ 강원도	
동해가정폭력·성폭력상담소	033－535－4943
(사)속초여성인권센터속초성	033－637－1988

기관명	연락처
폭력상담소	
영월성폭력상담소	033－375－1366
아라리가족성상담소	033－563－8666
－ 울산	
울산장애인인권복지협회부설울산장애인성폭력상담센터	052－246－1368
울산성폭력상담소	052－245－1366
－ 부산	
기장열린성가정상담소	051－531－1366
부산장애인연대부설성폭력상담소	051－583－7735
인구보건복지협회성폭력상담소	051－624－5584
다함께 성·가정상담센터	051－357－1377
〈전국 가정폭력상담소〉 － 서울	
강서양천가정폭력상담소	02－2605－8455
월계우리가족상담소	02－904－0179
동산가정폭력상담소	02－599－7646
(사)한국여성상담센터	02－953－1704
잠실가정폭력상담소	02－2202－7806
남성의전화부설서울가정폭력상담센터	02－2653－1366
은평가정폭력상담소	02－326－1366
한국가정법률상담소중구지부부설 가정폭력상담소	02－2238－6551
－ 경기도	
고양YWCA가족사랑상담소	031－919－4040
광명여성의전화부설가정폭력상담소	02－2060－0245
(사)가화가족상담센터	031－551－9976
(사)김포여성의전화부설가정폭력상담소	031－986－0136
부천가정폭력상담소	032－667－2314
사단법인 수원여성의전화부설성·가정폭력통합상담소	031－232－7795

기관명	연락처
시흥여성의전화부설가정폭력상담소	031－496－9391
경기가정폭력상담소	031－419－1366
안양YWCA가정폭력상담소	031－427－1366
양주가정폭력상담소	031－8647546
양평가정상담소	031－775－4983
행가래로 의왕가정,성상담소	031－459－1311
경기북부가정문제상담소	031－876－7544
이천가정성상담소	031－638－7200
한국가정법률상담소평택안성지부부설가정폭력상담소	031－611－4252
(사)정해복지부설하남행복한가정상담소	031－794－4111
－ 인천	
(사)인천내일을여는집가족상담소	032－543－7179
중구가정폭력상담소	032－761－7070
－ 충청북도	
음성가정(성)폭력상담소	043－873－1330
청주가정법률상담소부설가정폭력상담소	043－257－0088
청주YWCA여성종합상담소	043－268－3007
충주YWCA가정폭력상담소	043－842－9888
－ 충청남도	
주시가족상담센터	041－854－1366
논산YWCA가정폭력상담소	041－736－8297
대천가족성통합상담센터	041－936－7941
서산가족상담지원센터	041－668－8566
가족성장상담소남성의소리	041－572－0115
－ 대전	
대전가톨릭가정폭력상담소	042－636－2036
대전열린가정폭력상담소	042－625－5441
－ 전라북도	
군산여성의전화부설가정폭력상담소	063－445－2285
남원YWCA가정폭력상담소	063－625－1318

기관명	연락처
한국가정법률상담소익산지부부설가정폭력상담소	063－851－5113
익산여성의전화부설가정폭력상담소	063－858－9191
전주가정폭력상담소	063－244－0227
전주여성의전화부설 가정폭력상담소	063－287－7325
정읍가정폭력상담소	063－535－8223
－ 전라남도	
광양여성상담센터	061－761－1254
목포여성상담센터	061－285－1366
무안열린가정상담센터	061－454－1365
순천여성상담센터	061－753－9900
여수여성상담센터	061－654－5211
영광여성상담센터	061－352－1322
영암행복한가정상담센터	061－461－1366
함평열린가정상담센터	061－324－1366
－ 광주	
송광한가족상담센터	062－452－1366
광주YWCA가정상담센터	062－672－1355
광주장애인가정상담소	062－654－0420
광주여성의전화부설광주여성인권상담소	062－363－7739
－ 경상북도	
경산가정폭력상담소	053－814－9191
경주가정폭력상담소	053－749－1366
상주가정문제상담소	054－541－6116
안동가정법률상담소부설가정폭력상담소	054－856－4200
영주소백가정상담센터	054－638－1366
포항YWCA가정폭력상담소	054－277－5418
(사)포항여성회부설경북여성통합상담소	054－284－0404
포항로뎀나무가정문제상담소	054－262－3554
포항생명의전화부설가정폭력상담소	054－242－0015

기관명	연락처
– 경상남도	
(사)거제가정상담센터	055–633–7636
고성가족상담소	055–673–2911
(사)김해여성회부설가정폭력상담소	055–326–6253
양산가족상담센터	055–362–1366
진주가정폭력상담소	055–746–7988
마산가정상담센터	055–296–9126
진해가정상담센터	055–551–2332
– 대구	
대구여성장애인통합상담소	053–637–6057, 6058
영남가정폭력상담소	053–953–2866
대구이주여성상담소	053–944–2977
대구여성폭력통합상담소	053–745–4501
– 강원도	
사)강릉여성의전화부설해솔상담소	033–643–1982, 5
강릉가정폭력성폭력상담소	033–652–9556, 9930
속초YWCA가정폭력상담소	033–635–3520
원주가정폭력성폭력상담소	033–765–1366
철원가정폭력상담소	033–452–1566
춘천가정폭력성폭력상담소	033–257–4687
태백가정폭력상담소	033–554–4005
홍천가족상담소	033–433–1367
행복만들기상담소	033–344–1366
– 울산	
생명의전화울산지부부설가정·성폭력통합상담소	052–265–5570
동구가정성폭력통합상담소	052–252–6778
(사)울산여성회부설북구가정폭력상담소	052–287–1364
– 부산	
희망의전화가정폭력상담소	051–623–1488, 1399

기관명	연락처
(사)부산가정법률상담소부설가정폭력관련상담소	051–469–2987
부산성폭력.가정폭력상담소	051–558–8833~4
(사)부산여성의전화성·가정폭력상담센터	051–817–4344
여권문화인권센터가정폭력상담소	051–363–3838
사하가정폭력상담소	051–205–8296
중부산가정폭력상담소	051–462–7177
〈성매매피해상담소〉 – 서울	
여성인권상담소 소냐의 집	02–474–0746
성매매피해상담소 이룸	02–953–6280
에이레네 상담소	02–3394–7936
다시함께상담센터	02–814–3660
여성인권센터 보다	02–982–0923
십대여성인권센터	02–6348–1318
– 경기도	
성매매피해상담소 위드어스	031–747–0117
어깨동무	031–222–0122
두레방	031–841–2609
여성인권센터 쉬고	031–948–8030 031–957–6117
– 충청북도	
충북여성인권상담소 늘봄	043–255–8297 043–257–8297
– 충청남도	
충남여성인권상담센터	041–575–1366
– 대전	
여성인권지원상담소 느티나무	042–223–3534
– 전라북도	
현장상담센터	063–232–8297
– 전라남도	
목포여성인권지원센터	061–276–8297
순천여성인권지원센터	061–753–3644, 3654

기관명	연락처
여수여성인권지원센터 새날지기	061－662－8297
－ 광주	
성매매피해상담소 언니네	062－232－8297
－ 경상북도	
경북성매매상담센터 새날	054－231－1402
－ 경상남도	
경남여성인권지원센터	055－246－8298
여성인권상담소	055－273－2261
－ 대구	
힘내	053－422－4898 053－425－4898
민들레	053－430－6011
－ 강원도	
춘천길잡이의 집	033－242－8296
－ 울산	
울산성매매피해상담소	052－249－8297
－ 부산	
여성인권지원센터 살림	051－257－8297
부산여성지원센터 꿈아리	051－816－1366 051－817－8297
－ 제주	
제주현장상담센터 해냄	064－751－8297

찾아보기

저자소개

육성필

고려대학교에서 심리학 석사를 마치고, 서울대학교병원 정신과에서 임상심리학 레지던트과정을 수료한 뒤 고려대학교에서 심리학박사를 받았다. 미국의 로체스터대학교의 Center for the Study and Prevention of Suicide에서 박사후 과정을 하였다. 현재 서울상담심리대학원대학교 위기관리전공 교수로 재직 중이다.

조윤정

서울상담심리대학원대학교 위기관리전공 석사를 졸업한 후 동 대학원대학교의 위기관리전공 박사를 받았다. 현재 수원시장애인가족지원센터 부설 장애인가족심리연구소 소장으로 근무하고 있다.

임영진

서울상담심리대학원대학교 위기관리전공 석사를 졸업한 후 동 대학원대학교의 위기관리전공 박사를 수료하였으며 현재 수원시장애인가족지원센터의 상담사로 근무하고 있다.

지성미

서울상담심리대학원대학교 위기관리전공 석사를 졸업하였다. 현재 국제 응용행동분석전문가(BCBA: Board Certified Behavior Analust) 수련 중이다.

위기관리총서 시리즈 9-현장에서의 위기개입워크북
비자살적 자해의 이해와 개입

초판발행 2021년 4월 26일
중판발행 2024년 5월 30일

지은이 육성필·조윤정·임영진·지성미
펴낸이 노 현

편 집 최은혜
표지디자인 조아라
제 작 고철민·조영환

펴낸곳 ㈜ 피와이메이트
서울특별시 금천구 가산디지털2로 53 한라시그마밸리 210호(가산동)
등록 2014. 2. 12. 제2018-000080호
전 화 02)733-6771
f a x 02)736-4818
e-mail pys@pybook.co.kr
homepage www.pybook.co.kr
ISBN 979-11-6519-102-3 93370

정 가 13,000원